CD付き

タイ語の基本
初級から中級まで

SANSHUSHA

吉田英人

まえがき

　サワッディ・クラップ（こんにちは！）

　微笑みの国タイへようこそ！ タイは21世紀に入り経済的にめざましい発展をとげています。「何だかよくわからないけれどタイに行ってよかった。また行ってみたい」「今年の旅行？ もちろんタイ。だって毎年行くことに決めているから」といった会話も最近では身近に感じられます。今も昔も「また行ってみたい」という気持ちに変わりはないようです。

　これからタイ語を学ぼうとする初心者の方、少しタイ語をやったけれどもう一度やりなおしてみようと考えている方、さっそく本書でタイ語をはじめましょう！ 本書は初心者向けの文法と会話を中心に構成しています。タイ語の文法は、みなさんが学んだ英語から活用や冠詞など面倒なものをすべてなくした言葉だと思ってください。文法がとても簡単なので実用的な会話表現をたくさん取り入れました。覚えたらさっそく使ってみましょう。ひとこと話しかけるだけでその数倍の親しみを感じるのがタイの魅力です。

　言葉だけでなく笑顔や合掌などタイ人が日常行うしぐさも真似てみましょう。これも大切なコミュニケーションです。微笑みの国タイはこのようなメンタルコミュニケーションも大歓迎してくれます。タイとはいったいどんな国なのでしょうか？ それはこれから本書で学ぶタイ語がきっとみなさんに教えてくれるはずです。

　　　　　　　　　　　　　　　　　　　　　　　　　著　者

もくじ

本書の構成と使い方 …………………………………………………… 12

第 1 章　タイ文字と声調について ……………………………………… 15
第 1 課　子音文字 …………………………………………………… 16
1. タイ文字の予備知識
2. 頭子音文字とその発音
3. 文字の並べ方
4. 3種類の頭子音文字
5. 低子音2から中子音や高子音をつくる
6. 末子音の発音

第 2 課　母音の発音と文字 ………………………………………… 24
1. 母音の発音
2. 長母音と短母音
3. 母音文字一覧
4. 二重母音
5. 子音の連続

第 3 課　声調のはなし ……………………………………………… 30
1. タイ語の5声調
2. 声調規則の条件
3. 声調規則
4. 複音節語
5. 複音節語の声調変化

第 4 課　外来語用文字と特殊規則（例外事項） ……………………… 38
1. 例外事項の学習法
2. 外来語用文字
3. 特殊規則
4. ร の様々な読み方
5. 残りの子音文字

第 2 章　タイ語文法と実践 …………………………………………… 47
第 1 課　基礎事項 …………………………………………………… 50
1. 基本語順
2. 主語＋形容詞
3. 形容詞の位置
4. 人称代名詞
5. 動詞と形容詞の否定
6. そして、しかし
7. A または B
8. （私）の（本）
9. 文末の丁寧語

第 2 課	これは～です	……………………………………………… 58
	① これは～です	② これ、それ・あれ、この、その・あの
	③ AはBです	④ ではありません
	⑤ ではないのですか？	

第 3 課	ですか？（名詞の場合）	……………………………………… 63
	① でしょう？	② ですよね？
	③ か否か	④ （本当に）～ですか？

第 4 課	ですか？（動詞や形容詞の場合）	……………………………… 67
	① ですか？（1）	② ですか？（2）
	③ ではないのですか？	

第 5 課	動詞について	……………………………………………………… 71
	① 動詞の特徴	② しに行く、しに来る
	③ して行く、して来た	

第 6 課	単語の組み合わせ	………………………………………………… 75
	① 単音語の組み合わせ	② 名詞を作る**การ**と**ความ**
	③ その他	

第 7 課	何、誰、どこ	……………………………………………………… 79
	① 何	② 誰
	③ どこ	④ 疑問文の文末の**บ้าง**
	⑤ 疑問文以外の用法	

第 8 課	いる、ある（場所を表す言い方）	…………………………… 84
	① いる、ある	② どこにいますか（ありますか）？
	③ 位置を表す語	④ 場所を表す
	⑤ **มี**について	

第 9 課	～も	………………………………………………………………… 91
	① 主語の場合	② 目的語の場合（1）
	③ 目的語の場合（2）	④ 一緒に～する
	⑤ Aも（同様に）～だ	

第 10 課　強調と比較 ……………………………………………… 95
　　1　程度の変化　　　　　　2　程度の強弱
　　3　目標の強調　　　　　　4　継続の強調
　　5　形容詞の良さを強調　　6　AはBのようだ
　　7　AはBより〜だ　　　　 8　Aはいちばん〜だ

第 11 課　数と時間 ………………………………………………… 105
　　1　数字　　　　　　　　　2　順番
　　3　日、週、月、年　　　　4　時刻と時間
　　5　時を尋ねる表現

第 12 課　類別詞 …………………………………………………… 112
　　1　物を数える場合　　　　2　形容詞と類別詞
　　3　指示詞の場合

第 13 課　過去や未来を表す表現 ………………………………… 116
　　1　過去と未来　　　　　　2　過去の出来事によく使われる表現
　　3　未来の出来事によく使われる表現
　　4　したい、きっと、たぶん

第 14 課　できる …………………………………………………… 126
　　1　可能、許可　　　　　　2　（何）でもいい
　　3　その他の可能表現

第 15 課　しなければならない …………………………………… 131
　　1　しなければならない　　2　する必要がない
　　3　必要、欲しい　　　　　4　するべき（1）
　　5　するべき（2）

第 16 課　既に〜し終わっている（完了） ……………………… 136
　　1　し終わった　　　　　　2　し終わったかどうか
　　3　もう〜しないのですか？
　　4　既に〜してしまった

第17課　ว่าの用法 ……………………………………………………… 141
　　　　1　と思う　　　　　　　2　と言う
　　　　3　ということを知っている

第18課　禁止、命令 …………………………………………………… 149
　　　　1　禁止　　　　　　　　2　命令
　　　　3　やわらかい命令　　　4　しなさい
　　　　5　どうぞ〜してください

第19課　お願い ………………………………………………………… 154
　　　　1　いいですか？　　　　2　してください
　　　　3　丁寧なお願い　　　　4　私が〜したい

第20課　時、仮定、譲歩 ……………………………………………… 159
　　　　1　時　　　　　　　　　2　仮定
　　　　3　譲歩

第21課　なぜ、どのように、ために ………………………………… 171
　　　　1　なぜ　　　　　　　　2　どうですか？
　　　　3　目的　　　　　　　　4　特定の人（もの）のために

第22課　いくらですか？ ……………………………………………… 180
　　　　1　数を尋ねる　　　　　2　単位を表すละ
　　　　3　名詞の省略　　　　　4　ก็の用法

第23課　させる、される ……………………………………………… 185
　　　　1　させる　　　　　　　2　命じる、頼む
　　　　3　ให้の用法のまとめ　　4　原因と結果
　　　　5　される

第24課　しているところ ……………………………………………… 189
　　　　1　進行の表現　　　　　2　まだ
　　　　3　しようとしているところ
　　　　4　状態に関する関連表現

第25課	前置詞1（場所、時間）	197
	1 から（場所、原材料の場合）	
	2 まで　　3 AからBまで	
	4 時を表す「から」　5 AとBの間	
	6 通じて	

第26課	同じくらい	206
	1 同等（1）　2 同等（2）	
	3 等しい、同じくらい	

第27課	ที่の用法	212
	1 名詞を修飾する語　2 修飾するその他の表現	
	3 様々なที่の用例	

第28課	前置詞2	219
	1 以外に　2 関し	
	3 代わりに　4 除いて	
	5 対し　6 によって	
	7 で（道具）　8 従って、沿って、(あらゆる場所)で	

第29課	ก็などの用法	225
	1 ก็の様々な用法　2 เลยの様々な用法	
	3 เสียの用法	

実践　会話（挨拶－プロローグ－）	48
実践　会話Ⅰ（再会と出会い）	101
実践　会話Ⅱ（食事）	121
実践　会話Ⅲ（休息）	145
実践　会話Ⅳ（タイ古式マッサージ）	165
実践　会話Ⅴ（占師を訪ねる）	176
実践　会話Ⅵ（旅の計画)	192
実践　会話Ⅶ（チャアムにて）	201
実践　講読Ⅰ（仕事）	210
実践　講読Ⅱ（過去と現実）	216
実践　講読Ⅲ（法令文）	223
実践　講読（ミカからの手紙－エピローグ－）	230

補足 ……………………………………………………………… 232

　1　時刻　　　　　　　　　2　曜日
　3　月　　　　　　　　　　4　季節
　5　親族名詞　　　　　　　6　色

東北タイ語 …………………………………………………… 237

　1　一般表現　　　　　　　2　食事と買い物
　3　パヤーナーク（竜神）祭に行く

第1章練習問題解答 …………………………………………… 247
第2章練習問題解答 …………………………………………… 249

ミニコラム
- 古代インド語：サンスクリット語とパーリ語が果たしたこと ……… 46
- コーヒー ……………………………………………………………… 59
- タイ人はタイをどう呼ぶ？ ………………………………………… 62
- サバーイ（楽に！） ………………………………………………… 66
- サヌック（楽しい） ………………………………………………… 78
- タンブン（布施） …………………………………………………… 94
- タイのラッキーナンバーは9 ……………………………………… 109
- 入安居 ………………………………………………………………… 111
- マイペンライ ………………………………………………………… 120
- 善因善果 ……………………………………………………………… 120
- 一般食堂での注文 …………………………………………………… 125
- カルナー（どうか～してください） ……………………………… 158
- タイ古式マッサージ ………………………………………………… 169
- 占い …………………………………………………………………… 179
- タイの精霊信仰　ピーとクワン …………………………………… 196
- チェンマイへの旅 …………………………………………………… 200
- 道の真ん中を歩む …………………………………………………… 211
- 仏教国タイ …………………………………………………………… 215
- SMEs ………………………………………………………………… 222
- 中華街 ………………………………………………………………… 236
- タイ仏教文化の源流 ………………………………………………… 236
- ケーン ………………………………………………………………… 241
- パヤーナーク（竜神）祭 …………………………………………… 244

ＣＤトラック対応表
Track ページ

第 1 章　タイ文字と声調について
1　　　第 1 課　主要文字　　　　　　　　　　　16
　　　　第 2 課
2　　　母音の発音　　　　　　　　　　　　　　24
3　　　母音文字一覧　　　　　　　　　　　　　26
4　　　二重母音　　　　　　　　　　　　　　　26
5　　　練習1　　　　　　　　　　　　　　　　27
6　　　練習2　　　　　　　　　　　　　　　　28
7　　　練習3　　　　　　　　　　　　　　　　29
8　　　練習4　　　　　　　　　　　　　　　　29
　　　　第 3 課
9　　　タイ語の5声調　　　　　　　　　　　　30
10　　頭子音が低子音の場合　　　　　　　　　32
11　　練習1　　　　　　　　　　　　　　　　33
12　　頭子音が中子音の場合　　　　　　　　　33
13　　練習2　　　　　　　　　　　　　　　　34
14　　頭子音が高子音の場合　　　　　　　　　34
15　　練習3　　　　　　　　　　　　　　　　34
16　　練習4　　　　　　　　　　　　　　　　35
17　　練習5　　　　　　　　　　　　　　　　35
18　　練習6　　　　　　　　　　　　　　　　36
19　　練習7　　　　　　　　　　　　　　　　37
　　　　第 4 課
20　　外来語用文字　　　　　　　　　　　　　39
21　　特殊規則　　　　　　　　　　　　　　　40
22　　練習1　　　　　　　　　　　　　　　　41
23　　再読文字の構造について　　　　　　　　41
24　　練習2　　　　　　　　　　　　　　　　42
25　　母音を読まない単語　　　　　　　　　　42
26　　読まない（読めない）ร　　　　　　　　42

Track		ページ
27	ร によって変化する母音	43
28	残りの子音文字	44

第 2 章　タイ語文法と実践

29	実践　会話（挨拶）	48
30	第 1 課　基礎事項	50
31	第 2 課　これは～です	58
32	第 3 課　ですか？（名詞の場合）	63
33	第 4 課　ですか？（動詞や形容詞の場合）	67
34	第 5 課　動詞について	71
35	第 7 課　何、誰、どこ	79
36	第 8 課　いる、ある（場所を表す言い方）	84
37	第 9 課　～も	91
38	第 10 課　強調と比較	95
39	実践　会話Ⅰ（再会と出会い）	101
40	タイ語定型表現	103
	第 11 課　数と時間	
41	数字	105
42	順番	106
43	時刻と時間	108
44	時を尋ねる表現	110
45	第 13 課　過去や未来を表す表現	116
46	実践　会話Ⅱ（食事）	121
47	第 14 課　できる	126
48	第 15 課　しなければならない	131
49	第 16 課　既に～し終わっている（完了）	136
50	第 17 課　ว่า の用法	141
51	実践　会話Ⅲ（休息）	145
52	第 18 課　禁止、命令	149
53	第 19 課　お願い	154

Track		ページ
	第20課　時、仮定、譲歩	
54	時	159
55	仮定	161
56	譲歩	162
57	実践　会話Ⅳ（タイ古式マッサージ）	165
58	第21課　なぜ、どのように、ために	171
59	実践　会話Ⅴ（占師を訪ねる）	176
60	第22課　いくらですか？	180
61	第23課　させる、される（**1**と**5**のみ）	185
62	第24課　しているところ	189
63	実践　会話Ⅵ（旅の計画）	192
64	第25課　前置詞1（場所、時間）	197
65	実践　会話Ⅶ（チャアムにて）	201
66	第26課　同じくらい	206
67	実践　講読Ⅰ（仕事）	210
68	第27課　ที่の用法	212
69	実践　講読Ⅱ（過去と現実）	216
70	実践　講読Ⅱ（過去と現実）	217
71	第28課　前置詞2	219
72	第29課　ก็などの用法（**1**と**2**のみ）	225
73	実践　講読（ミカからの手紙）	230

東北タイ語

74	一般表現	238
75	食事と買い物	240
76	パヤーナーク（竜神）祭に行く	242

本書の構成と使い方

　本書は初めてタイ語を学ぶ方のための入門書です。本書の構成は大きく分けて第1章「文字と発音」、第2章「文法と実践」です。

　第1章では「文字と発音」について学びます。タイ語を学ぶほとんどの方が「文字が覚えられるといいな…」と感じているのではないでしょうか？本書では文字を覚えたいというみなさんの想いに応えるべく、合理的な学習法を取り入れました。以前文字を学んだ方は「あれ、こんな学び方もあったのか」と意外に感じるかもしれません。また以前、「文字は難しい」という印象を持たれた方も、「思っていたより簡単！」と感じていただけるはずです。

　第2章では文法編と実践編の2方面からタイ語にアプローチしましょう。

‖文法編‖
　タイ語の基礎文法を体系的にまとめました。内容は「基礎事項」「練習問題」「語句」「コラム」から成り立っています。

基礎事項
　まずは基礎事項を学びましょう。ここは音声に吹き込まれています。最も重要な箇所ですので、繰り返しCDを聴いて身につけてください。

練習問題
　練習問題で応用力をアップさせましょう。練習問題のほとんどがタイ語に訳す問題です。ここでは基礎事項を確認し、さらにタイ語の組み立て方を学びます。

語句
　新出単語のコーナーです。「基礎事項」その他に出てくるタイ語の和訳、「練習問題」に出てくる日本語に対応するタイ語訳をあげています。新出単語の欄には＊印を付け、関連事項の説明をしているものもあります。

コラム

　コラムを活用し関連事項を学びましょう。コラムには２つのポイントがあります。まず基礎事項に関連した例文です。中には急場の会話などもとりあげてみました。次に「あれ？　これとこれってどう違うのかな？」と細かい構文が気になる方のために、比較例文などでニュアンスの違いを学べるようにしました。

‖実践編‖

実践会話

　文法編第10課以降７回に分けて実践会話を挿入し、全体でまとまったひとつの物語になっています。ここでは日本語ができるヌイというタイ人女性が、タイ語のできない友人ミカとバンコク観光をしているところに、ヌイの旧友のペット（男性）と再会し、物語が始まります。登場人物は３人ですが、ミカをめぐってペットとヌイが発するさまざまな喜怒哀楽の感情を、タイ人同士の自然な会話で表現しています。　みなさんはそのあたりを楽しみながらタイ人らしい会話の雰囲気を感じてください。文法編でとりあげない文末詞・間投詞（感嘆詞）などもここで学ぶと効果的です。

実践講読

　４つの短編を実践講読としてとりあげました。最初の３つはタイ人識者が一般タイ人に向けて書いた短編エッセイ、もう１編は速読演習です。

　また、第２章の最後に時刻の言い方など、本文に入れると煩雑になる重要語をまとめました。

東北タイ語

　首都バンコクが都市化する一方で、古き良きタイを求めてチェンマイをはじめとする北タイや東北タイを訪問する人々も増えてきました。本書ではこれまであまり紹介されなかった東北タイ語をとりあげました。内容は簡単な日常会話です。これを参考にみなさんにとって魅力的なタイの別の面を再発見してください！

＊丁寧語について
　本書では一部の課や実践会話を除いて丁寧語（クラップ［男性用］、カ［女性用］）を省略しましたが、会話では必要に応じて使ってください。使い方は第2章第1課をごらんください。

＊主語について
　タイ語の1人称は男性用［ポム］と女性用［ディチャン］の2通りがあります。本書では煩雑を避けるため、主に女性用を採用しています。

バンコク市内を走るスカイトレイン（BTS）

第1章　タイ文字と声調について

　タイではタイ文字という固有の文字を使います。「タイ語は文字が覚えられれば終わったようなものだ」という声をよく耳にします。それだけ文字の規則が複雑に見えるのでしょう。第1章ではタイ文字を効率的に学べるよう少し工夫してみました。ぜひタイ文字を覚え、第2章以降の本題に進めるように頑張ってください。いったん文字を覚えれば、みなさんにとって貴重な財産になるはずです。

第 1 課　子音文字

　タイ語の子音文字は42文字あります。本書ではその中の28文字を「主要文字」、残り14文字を「外来語用文字」と呼びます。文字と発音（第1課と第2課）、それに声調法則（第3課）を習得する場合、「外来語用文字（第4課）」は特に必要ありません。

 主要文字

ก	ข	ค	ง			
k	kh	kh	ŋ			
kɔɔ	khɔ̌ɔ	khɔɔ	ŋɔɔ			
コー	コー	コー	ンゴー			
จ	ฉ	ช	ซ	ย	ญ	
c	ch	ch	s	y	y	
cɔɔ	chɔ̌ɔ	chɔɔ	sɔɔ	yɔɔ	yɔɔ	
チョー	チョー	チョー	ソー	ヨー	ヨー	
ด	ต	ถ	ท	น		
d	t	th	th	n		
dɔɔ	tɔɔ	thɔ̌ɔ	thɔɔ	nɔɔ		
ドー	トー	トー	トー	ノー		
บ	ป	ผ	พ	ฝ	ฟ	ม
b	p	ph	ph	f	f	m
bɔɔ	pɔɔ	phɔ̌ɔ	phɔɔ	fɔ̌ɔ	fɔɔ	mɔɔ
ボー	ポー	ポー	ポー	フォー	フォー	モー
ร	ล	ว	ส	ห	อ	
r	l	w	s	h	ʔ	
rɔɔ	lɔɔ	wɔɔ	sɔ̌ɔ	hɔ̌ɔ	ʔɔɔ	
ロー	ロー	ウォー	ソー	ホー	オー	

> 主要文字一覧の見方

　タイ文字の下に頭子音としての発音、その下が文字の名前です。英語のアルファベットに名前（fは「エフ」、wは「ダブリュー」という文字名）があるように、タイ文字にも名前があります。กの文字名は子音kに母音ɔɔ（オー）を付けkɔɔ（コー）といいます。他の子音も全て頭子音にɔɔ（オー）を付ければ子音文字の名前になります（例えばチョー、ドー、ボー、ロー）。ธɔのようにɔɔの上に付いている記号については第3課「声調」で説明します。また、タイ人はกをก－ไก่ [kɔɔ-kai]（ก[kɔɔ]は鶏ไก่ [kai]のk）のように覚え、綴りを伝えるときにも使います。

1　タイ文字の予備知識

　タイ文字の並べ方は次の2パターンです。

① 頭子音文字＋母音文字

② 頭子音文字＋母音文字＋末子音文字

　　①の並べ方：最初の子音（頭子音）に母音文字が続く場合です。たとえば頭子音kに母音aが続けばka（カ）と発音します。

　　②の並べ方：①の末尾に子音（末子音）が付いて終わる場合です。頭子音kに母音aが付いて末子音nが続くとkan（カン）と発音します。末子音文字は頭子音文字の中にある文字を使います。そのため新たに文字を覚える必要はありません。

母音文字から始まる単語はない

　タイ語にも母音から始まる単語はたくさんありますが、上記の①と②のように**母音文字から始まる単語はありません**。母音から始まる語の前にはอという子音文字を付けます。

2 頭子音文字とその発音

まず頭子音文字とその発音について学びましょう。最初はカ行に聞こえれば日本語のカ行で発音すれば十分です。

ก		[k−]	日本語のカ行で結構です。その際に息を伴いません。
ข	ค	[kh−]	これも日本語のカ行ですが、息 [h] を伴うカ行です。
ง		[ŋ−]	鼻にかけて「ンガ」。「案外（アン**ガイ**）と言うつもりでガイから発音すると「ガ（ga）」が [ŋa] になっています。
จ		[c−]	日本語のチャ行。
ฉ	ช	[ch−]	日本語のチャ行に息を伴います（th, ph も同様）。
ส	ซ	[s−]	日本語のサ行。si は「シ」ではなく「スィ」。
ย	ญ	[y−]	日本語のヤ行。
ด		[d−]	日本語のダ行、母音イ・ウの場合ディ・ドゥの要領で。
ต		[t−]	日本語のタ行。d 同様、母音がイ・ウの場合ティ・トゥの要領で。
ถ	ท	[th−]	日本語のタ行。母音イ・ウが続く場合 d、t と同じ要領で。
น		[n−]	日本語のナ行（ŋ のように鼻にかけて）。
บ		[b−]	日本語のバ行。
ป		[p−]	日本語のパ行。
ผ	พ	[ph−]	日本語のパ行。
ม		[m−]	日本語のマ行（ŋ のように鼻にかけて）。
ฝ	ฟ	[f−]	英語の f の要領でファ、フィ、フ、フェ、フォのように。
ร		[r−]	いわゆる巻き舌のラ行。できない場合日本語のラ行で発音しましょう。
ล		[l−]	英語のエルのように舌を歯の裏に付け、日本語のラ行を発音します。
ว		[w−]	日本語のワ行に近く、ワ、ウィ、ウ、ウェ、ウォの要領です。
ห		[h−]	日本語のハ行。

| อ | [ʔ-] | 母音文字から始まる語の前に付く子音文字です。 |

＊ 喉の奥に声を出す部分があります。この部分が閉じて開く動きを？で表し、kやtと同様、子音の一種と考えます。以後は煩雑を避けるため？を省略します。

3 文字の並べ方

さっそくタイ文字を読んでみましょう。子音だけでは発音できないので母音า [aa] を付けてみます。

① 頭子音文字＋母音文字 のパターン
  例えばมา（来る）は ม（頭子音文字、発音m）＋า（母音文字、発音aa）の順に並べられています。よって全体でmaaと発音します。

次に末子音が付く場合です。末子音はก[k]を使ってみましょう（末子音の発音方法は 6 で説明します）。

② 頭子音文字＋母音文字＋末子音文字 のパターン
  例えばมาก（多い）は ม（頭子音文字、発音m）＋า（母音文字、発音aa）＋ก（末子音文字、発音k） の順に並べられています。全体でmaakと発音し、最後のkが末子音になります。

> ここからは第3課で学ぶ声調規則と関連がある大切な内容です。しっかり把握してください。

4 3種類の頭子音文字

頭子音（文字）は3つに分類され、それぞれ低子音（文字）、中子音（文字）、高子音（文字）と言います。この低・中・高に特別な意味はありません（タイ語からの直訳です）。

Ⅰ　(1)　低子音（文字）1
　　ค [kh]　ช [ch]　ท [th]　พ [ph]　ฟ [f]　ซ [s]
　　(2)　低子音（文字）2
　　ง [ŋ]　ญ [y]　น [n]　ม [m]　ย [y]　ร [r]　ล [l]　ว [w]

Ⅱ　中子音（文字）
　　ก [k]　จ [c]　ด [d]　ต [t]　บ [b]　ป [p]　อ [ʔ]

Ⅲ　高子音（文字）
　　ข [kh]　ฉ [ch]　ถ [th]　ผ [ph]　ฝ [f]　ส [s]　ห [h]

練習 1

次の頭子音文字の発音記号を書いてください。そして 3 つの子音、低子音文字、中子音文字、高子音文字のどれに当てはまるか、低、中、高で答えてください。

①ต　　②ส　　③ค　　④ช　　⑤ข
⑥จ　　⑦ล　　⑧ผ　　⑨ม　　⑩ก
⑪ง　　⑫ด　　⑬ซ　　⑭ถ　　⑮ฟ

5　低子音 2 から中子音や高子音をつくる

　低子音 2 は頭子音の อ[ʔ] や ห[h] と組み合わされて、中子音・高子音に変わることがあります。組み合わす文字 อ[ʔ] と ห[h] は発音しません。

　①　中子音を作る อ[ʔ]
　　　อ[ʔ] に低子音 2 の ย[y] を続け อย[y] とします。この 2 文字で 1 文字の中子音［y］の働きをします。
　　　อ[ʔ] に付いて中子音化する低子音は ย[y] だけです。このパターンで作る単語は 4 つだけです（第 2 課 5 ）。

　②　高子音を作る ห[h]
　　　ห[h] には**低子音 2 のすべての文字**が組み合わされます。組み合

わされたあとは2文字で1文字の高子音としての働きをします。

หง [ŋ]　　หญ [y]　　หน [n]　　หม [m]　　หย [y]
หร [r]　　หล [l]　　หว [w]

低子音1にはすべて対応する高子音があります。例えば ค[kh] に対応する高子音 ข[kh] がそうです。ところが低子音2は対応する高子音がありません。そこで高子音の ห[h] を使い低子音2を高子音に転換させます。

 練習2

次の低子音のなかから中子音・高子音を作る文字を選び出し、中子音・高子音に変えたあと、発音記号を記し、母音 ɔɔ（オー）をつけて発音してください。

（低子音文字）　พ　ว　ช　ร　ค　ย　ท　ล　ง　ฟ　ซ　ม　น　ญ

6　末子音の発音

末子音とは単音節の最後に現れる子音のことです。3 で見た มาก [maak] の ก[k] が末子音です。

単音節には促音節と平音節のふたつがあります。このふたつが区別できるようにしてください（これも声調規則の条件のひとつになります）。

* 単音節とは発音ができる最少単位のことです。1 で見た2パターンがタイ語の単音節を作る文字の並べ方になります。

I　促音節

日本語には「きっと」「しっかり」など小文字の「っ」を使う言葉があります。このように「つっかえた感じ」で終わる音節を促音と言い、タイ語では末子音が k, t, p で終わる単音節を促音節と言います。

促音節末子音の発音方法
－k　「きっかり」と言おうとして「きっ」で止めると「っ」が末子音 k になります。

第1課　子音文字　21

－t 「きっと」の「っ」が末子音tを表します。
－p 「きっぱり」の「っ」が末子音pを表します。

促音節になる末子音文字
－k ⇨ －ก （－ข －ค （カ行））
－t ⇨ －ด （－จ －ช （チャ行））
　　　　　 （－ฏ －ฐ －ฑ （タ行））
　　　　　 （－ส －ซ （サ行））
－p ⇨ －บ （－ป －พ （パ行） －ฟ （ファ行））

 練習3 ・・・・・・・・・・・・・・・・・・・・・・・・・・・・・・・・・・

母音า aa（アー）を使い、次の①から⑤の発音記号を書いてください（声調は無視）。

① จาก　　② ขาด　　③ ดาบ　　④ บาท　　⑤ นาค

Ⅱ 平音節
　平音節は促音節のように末子音が「っ」(k, t, p) で終わらない音節を言います。

平音節末子音の発音方法
－ŋ 「あんき（暗記）」と言おうとして「あん」で止めると「ん」が末子音 ŋ になります。
－n 「あんない（案内）」の「ん」が末子音 n を表します。
－m 「あんもく（暗黙）」の「ん」が末子音 m を表します。
－w 音節末に母音の「オまたはウ」を軽く添えます。例えば「買う」の「う」。
－i 音節末に母音の「イ」を軽く添えます。例えば「甘い」の「い」、「タイ」の「イ」。

平音節になる末子音文字
－ŋ ⇨ －ง
－n ⇨ －น （ญ －ร －ล）
－m ⇨ －ม

－ｉ　⇨　－ย　　（ｙと表記されることもあります）
－ｗ　⇨　－ว　　（ｏやｕと表記されることもあります）

＊ 本書ではยを－ｉ、วは－ｗと表記します。ยをｙ、วをｕ, ｏと表記する場合もありますが、どれも同じです。 発音方法が変わるわけではありません。

> 末子音にできない主要文字は高子音のฉ[ch]、ผ[ph]、ฝ[f]、ห[h]と中子音のอ[?] です。

頭子音文字＋母音文字 のように**母音で終わっている音節**について
　　長い母音（長母音：例えばaa）で終わっている音節は平音節、短い母音（短母音：例えばa）で終わっている音節は原則として促音節に属します。

 練習4 ●

発音記号を書き、促音節、平音節のどちらか答えてください（ ะ は短母音のａです）。

① ตา　　② นะ　　③ บาง　　④ สาว　　⑤ ถาม
⑥ จาก　　⑦ ลาย　　⑧ อาจ

釈迦仏（スコータイ遺跡）

第1課　子音文字

第2課　母音の発音と文字

　この課では母音について学びます。最初に母音の発音を学び、そのあと文字の読み書きを練習しましょう。日本語の母音は（ア、イ、ウ、エ、オ）の5つです。それに対しタイ語の母音は9つあります。あとで出てきますが、長母音・短母音の違い、末子音の有無によって文字の書き方が異なる場合があります。

　頭子音文字＋母音文字

　頭子音文字＋母音文字＋末子音文字

1　母音の発音

　最初は日本語で「ア」と聞こえるものは「ア」、「イ」と聞こえるものは「イ」、「ウ」と聞こえるものは「ウ」と発音してください。母音の正確な発音にこだわるより、聞こえたとおりの音を真似することから始めましょう。

① 日本語の「ア」に聞こえるもの
　อะ　[a]　日本語の「ア」で結構です。

② 日本語の「イ」に聞こえるもの
　อิ　[i]　日本語の「イ」で構いません。日本語の「イ」よりほんの少し口をあけるのがコツです。

③ 日本語の「ウ」に聞こえるもの
　อุ　[u]　日本語の「ウ」でほぼ大丈夫です。ストローでジュースを飲むときのように唇を丸くとがらせ「ウ」と言えばタイ語の「u」、「オ」と言えばタイ語の「o」になります。
　อึ　[ɯ]　まず前歯を磨くときの口の構えを作り、そのまま日本語の「ウ」を言ってください。

④ 日本語の「エ」に聞こえるもの
　เอะ　[e]　日本語の「エ」で大丈夫ですが厳密には上記「i」に近くなります。「i」と「e」はかなり近い位置で発音されています。
　แอะ　[ɛ]　口を大きくあけて日本語の「エ」を言います。

⑤ 日本語の「オ」に聞こえるもの
　โอะ　[o]　日本語の「オ」で結構です。厳密には先ほどの「u」を思い出してください。「u」のときと同じ口格好で日本語の「オ」を言えば「o」になります。
　เอาะ　[ɔ]　日本語の「オ」で十分通じますが、うがいをするときの口格好で日本語の「オ」を発音すると「ɔ」ができています。

⑥ 日本語の「アかウ」に聞こえるもの
　เออะ　[ə]　この母音は、多少口をあけ日本語の「ウ」を発音してください。

2　長母音と短母音

「おばあさん＝ob**aa**san」と「おばさん＝ob**a**san」のようにタイ語にも長い母音（長母音）と短い母音（短母音）の区別があります。

寺院を守る赤鬼・青鬼（ワット・プラケーオ）

3 母音文字一覧

Xは子音文字の位置を表します

	短母音			長母音	
発音記号	末子音がない場合	末子音がある場合	発音記号	末子音がない場合	末子音がある場合
a	Xะ	XัX	aa	Xา	XาX
i	Xิ	XิX	ii	Xี	XีX
u	Xุ	XุX	uu	Xู	XูX
ɯ	Xึ	XึX	ɯɯ	Xือ	XืX
e	เXะ	เX็X	ee	เX	เXX
ɛ	แXะ	แX็X	ɛɛ	แX	แXX
o	โXะ	XX	oo	โX	โXX
ɔ	เXาะ	X็อX	ɔɔ	Xอ	XอX
ə	เXอะ	เXิX	əə	เXอ	เXิX

注意事項

X็อXのパターンは限られています。X็อXに声調符号が付くと ็ が省略されます。

เX็XやแX็Xの場合も同様です。また、เXิXは短母音と長母音の両方に使います。

4 二重母音

タイ語には二重母音があります。二重母音には [ia]、[ua]、[ɯa] の 3

つがあります。よく使うのは「長い二重母音（i:a・u:a・ɯ:a）」の方で、発音は「イーァ」「ウーァ」のように語末に軽くァを添えます。「短い二重母音」は主に音を表す語に使います。（例：「キャッ！［kia］」など）これらは単語として出てくることはまれです。「長い二重母音」は長母音に、「短い二重母音」は短母音に属します。一覧表では長い二重母音には［i:a］、［u:a］、［ɯ:a］のように：を付け、短い二重母音と区別しています。

二重母音

短い二重母音			長い二重母音		
発音記号	末子音がない場合	末子音がある場合	発音記号	末子音がない場合	末子音がある場合
ia	เXียะ	（なし）	i:a	เXีย	เXียX
ua	Xั้วะ	（なし）	u:a	Xัว	XวX
ɯa	เXือะ	（なし）	ɯ:a	เXือ	เXือX

その他

ai	ไX	ai	ใX	am	Xำ
aw	เXา	əe	เXย		

例外：**ไทย**［thai］ タイ（国）⇨ この単語のみ、語末に **ย** が付きます。

  練習1

次に掲げる単語に発音記号を付け、発音してください（声調は無視）。

I　末子音がない場合

① จะ　　② ดี　　③ เถอะ　　④ มือ　　⑤ เตะ

⑥ โต　　⑦ รึ　　⑧ เงาะ　　⑨ ขอ

Ⅱ 末子音がある場合

　① รัก　　② กิน　　③ สุข　　④ ฝึก　　⑤ เจ็ด

　⑥ เงิน　⑦ คน　　⑧ ถอย　⑨ คืน

Ⅲ 二重母音・その他

　① เขียน　② ปวด　③ เดือน　④ ไป

　⑤ ใน　　⑥ เขา　⑦ จำ　　⑧ เคย

5　子音の連続

　ここでは**頭子音が連続表記されるパターン**をまとめてみました。パターンは3通りだけです。

Ⅰ　Xะのะが省略される場合

　例えば **สบาย**(元気) という単語は ⇨ **สะ**[sa] ＋ **บาย**[baai] のようにふたつの単音節から成り立っていますが、母音ะが省略された表記が正式表記となります（ะを付けると誤字になります）。ところが **มะนาว**[ma + naaw]（レモン）のようにะを表記した単語もあります。**これらは単語によって覚えるしか方法がありません。**また **สะพาน**[saphaan]（橋）は **สพาน** と表記することもあり曖昧な場合もあります。

 練習2 ●●

Ⅰにならって発音記号を付け、発音してください（声調は無視）。

　① **ตลาด**(市場)　② **สนุก**(楽しい)　③ **สบาย**(元気)　④ **ขนม**(お菓子)

Ⅱ　**อ**と**ห**が付き中子音・高子音を作る場合（→20ページ）

練習3

Ⅱにならって発音記号を付け、発音してください（声調は無視）。

① **หลัง**(〜の後)　② **หวัด**(風邪)　③ **หมด**(尽きる)

อยは次の４つしかありません。

อยาก　[yàak]　したい　　　　**อยู่**　[yùu]　いる、ある

อย่าง　[yàaŋ]　種類　　　　　**อย่า**　[yàa]　しないで

Ⅲ　二重子音

　二重子音とは頭子音が２つ連続したものです。頭子音の最初の子音はk (**ก**)・kh (**ข, ค**)・p (**ป**)・ph (**ผ, พ**)、２番目の子音はr (**ร**)・l (**ล**)・w (**ว**) が組み合わされます。**กรา**[kraa] の発音は「クラー」のように**ก**に軽く「ゥ」を添えると上手く発音できます。**ล**[l]・**ว**[w] も同様です。つまり「クラー、クワー」と「プラー」のタイプになります（「プワー」はありません）。

　もうひとつt (**ต**) にr (**ร**) が組み合わされます。(tlはありません)。

  練習4

Ⅲにならって発音記号を付け、発音してください（声調は無視）。

① **กรุงเทพ**(バンコク＝タイの首都)　　② **กลับ**(帰る)

③ **ครับ**(男性の返事「ハイ」)　　　　④ **ตรง**(まっすぐ)

⑤ **ปลา**(魚)　　⑥ **ขวา**(右)　　⑦ **พระ**(僧)

กに ´ が付いた例外 **ก็**[kɔ̂ɔ]（〜も）もあります。この単語は使用頻度が高い単語です。

第２課　母音の発音と文字

第3課　声調のはなし

第1課で音が発生できる最小単位（単音節）の並べ方を学びました。この単音節に原則としてひとつの「声調」が付き、タイ語の単音節単語ができます。この課では **声調** について学びます。

| 頭子音文字＋母音文字 | ＋ | **声調** | ＝ | タイ語の単音節語 |
| 頭子音文字＋母音文字＋末子音文字 | ＋ | **声調** | ＝ | タイ語の単音節語 |

1　タイ語の5声調

（Track 9）

タイ語には声調と呼ばれる5つのトーンがあります。このトーンの違いによって意味が変わってきます。まず声調の発声方法を確認しておきましょう。

① 平声　อา　[aa]　（感情をこめず淡々と）普通に「アー」を発音しましょう。

② 低声　อ่า　[àa]　音の高さを気にせず「アー」を息が続くまで発音し続けてください。もうこれ以上息が続かないと感じる少し前の「アー」がみなさんにとっての低声の高さです。

③ 下声　อ้า　[âa]　カラスの鳴き声「カー」を真似て。上から下へ落ちる感じです。

④ 高声　อ๊า　[áa]　平声より高い位置から始まります。長母音の場合、終わりが一層高くなります。短母音の場合は一瞬で終わるため、上へはじくように発音します。

⑤ 上声　อ๋า　[ǎa]　低い位置より始まり上昇します。「本当（ほんとう）？」の「とう」のように疑い深く言う場合を思い浮かべてください。

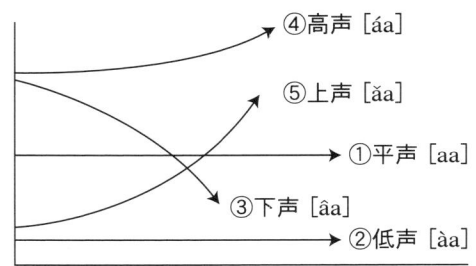

2 声調規則の条件

　これまで①頭子音の分類、②末子音の平音節と促音節、③長母音と短母音を学んできました。これらが声調を決める条件になります。

第1条件：頭子音 が低子音・中子音・高子音のどれにあたるか

　これは第1課 3 で学びました。出だしの頭子音文字が3種類のどれにあたるかをまず区別します。
　อ が付いたものは中子音、ห が付いたものは高子音扱いになります。これは第1課 4 で述べています。อ が付いて中子音になるのは4つだけでした。二重子音は最初の頭子音の属する子音に従います。
例：กร[kr] ⇨ 中子音、ขว[khw] ⇨ 高子音、คล[khl] ⇨ 低子音など

第2条件：平音節か促音節か

① 平音節の場合
　　声調符号が付きます。付いていないものは「付いていないという声調符号」が付いていると思ってください。Xは子音の位置です。

声調符号なし	XX	
第1符号	X̀X	マイエーク
第2符号	X̌X	マイトー
第3符号	X̃X	マイトリー
第4符号	X̟X	マイチャタワー

第3課　声調のはなし　31

声調符号は日本語の濁音「が」、半濁音「ぱ」同様、文字の一部です。記号ではなく符号であることに注意してください。

② 促音節の場合
母音の長短で声調が決まります。促音節には原則的に声調符号は付きませんが、擬声語、擬態語などに使う場合があります。

3　声調規則

条件が出揃ったところでひとつずつ単音節の声調を見ていきましょう。最初は時間がかかると思いますが、単語を覚えながら練習すると効果的です。

I　頭子音が低子音の場合

① 平音節の場合

　1．声調符号なし　⇨　平声
　　มา[maa] 来る　　　　　ฟัง[faŋ] 聞く

　2．マイエーク　⇨　下声
　　แม่[mêɛ] 母　　　　　ง่าย[ŋâai] 簡単な

　3．マイトー　⇨　高声
　　ซื้อ[súɯ] 買う　　　　ร้อน[rɔ́ɔn] 暑い、熱い

② 促音節の場合

　1．長母音の場合　⇨　下声
　　ชอบ[chɔ̂ɔp] 好き　　　มาก[mâak] とても、多い

　2．短母音の場合　⇨　高声
　　รับ[ráp] 受け取る　　　พบ[phóp] 会う

練習1

次の単語に発音記号および声調記号を付け、実際に発音してください。

① **มี**(いる、持つ)　② **เพื่อน**(友達)　③ **ยาก**(難しい)　④ **เรียน**(学ぶ)

⑤ **น้อย**(少ない)　⑥ **พ่อ**(父)　⑦ **ซัก**(洗濯する)

II　頭子音が中子音の場合

① 平音節の場合

    1．声調符号なし　⇨　平声

      ตา[taa] 目　　　　　　　**เป็น**[pen] である、になる

    2．マイエーク　⇨　低声

      กี่ [kìi] いくつの　　　　**อ่าน**[àan] 読む

    3．マイトー　⇨　下声

      ได้ [dâi] できる、得る　**บ้าน**[bâan] 家

    4．マイトリー　⇨　高声

      บ๊วย [búːai] 梅

    このマイトリーは、たまに中子音促音節に付くことがあります。中華系の単語や、音を表す表現によく出てきます。声調は高声（あるいは声調とは言えないカン高い音）になります。日常語彙としては少数です。

    5．マイチャタワー　⇨　上声

      เดี๋ยว[dĭːaw] 今（すぐ）

② 促音節の場合

    1．長母音の場合　⇨　低声

      จาก[càak] から　**บาท**[bàat] バーツ（タイの通貨単位）

    2．短母音の場合　⇨　低声

      กับ[kàp] と（一緒に）　**ตก**[tòk] 落ちる、（雨が）降る

練習2

次の単語に発音記号および声調記号を付け、実際に発音してください。

① **ไป**(行く) ② **จ่าย**(支払う) ③ **เกิด**(生まれる) ④ **ใต้**(南)
⑤ **อยาก**(したい) ⑥ **ดิบ**(生の、半熟) ⑦ **ปุ๋ย**(肥料) ⑧ **โจ๊ก**(中華粥)

III 頭子音が高子音の場合

① 平音節の場合

　1．声調符号なし ⇨ 上声
　　　หา[hǎa] 探す　　　　　　**ฝน**[fǒn] 雨

　2．マイエーク ⇨ 低声
　　　ขี่[khìi] 乗る　　　　　　**ส่ง**[sòŋ] 送る

　3．マイトー ⇨ 下声
　　　ผ้า[phâa] 衣類　　　　　**ห้าม**[hâam] 禁止する

② 促音節の場合

　1．長母音の場合 ⇨ 低声
　　　ฝาก[fàak] 預ける　　　　**สอบ**[sòɔp] 試験をする、検査する

　2．短母音の場合 ⇨ 低声
　　　เผ็ด[phèt] 辛い　　　　　**สด**[sòt] 新鮮な、生の

練習3

次の単語に発音記号および声調記号を付け、実際に発音してください。

① **สอน**(教える) ② **ถูก**(正しい、安い) ③ **ขึ้น**(上昇する)
④ **ผัด**(炒める) ⑤ **หนึ่ง**(1)

声調規則まとめ

条件	平音節					促音節	
	符号なし	マイエーク	マイトー	マイトリー	マイチャタワー	長母音	短母音
低子音	平声 [aa]	下声 [âa]	高声 [áa]			下声 [âak]	高声 [ák]
中子音	平声 [aa]	低声 [àa]	下声 [âa]	高声 [áa]	上声 [ǎa]	低声 [àak]	低声 [àk]
高子音	上声 [ǎa]	低声 [àa]	下声 [âa]			低声 [àak]	低声 [àk]

Track 16 ✏ **練習 4**

これまでの総復習です。次の単語に発音記号および声調記号を付け、実際に発音してください。

① เข้า(入る)　② ชื่อ(名前)　③ พูด(話す)　④ อยู่(いる、ある)

⑤ เล็ก(小さい)　⑥ ใหม่(新しい)　⑦ ฝึก(練習する)　⑧ หรือ(または)

⑨ ออก(出る)　⑩ ถ้วย(お椀)　⑪ เด็ก(子ども)

⑫ แล้ว(既に～した)　⑬ ฉาก(幕)

⑭ หม้อ(鍋)　⑮ เต๋า(サイコロ)

Track 17 ✏ **練習 5**

短母音で終わるものや二重子音の場合です。声調記号を付け、実際に発音してください。

① จะ(〈未確定・未来・推量などに使う〉)　② เพราะ(なぜならば)

③ เถอะ(しましょう)　④ กว่า(より〈比較〉)　⑤ กว้าง(広い)

4 複音節語

単音節が2個以上集まったものを複音節語と言います。声調は原則として各単音節の声調規則に従います。

ญี่ปุ่น 日本 ⇨ ญี่(頭子音文字 y＋母音文字 ii)
　　　　　　　　＋ปุ่น(頭子音文字 p＋母音文字 u＋末子音文字 n)
声調　第1音節　ญี่(低子音＋平音節＋マイエーク⇨下声になり発音はyîi)
　　　第2音節　ปุ่น(中子音＋平音節＋マイエーク⇨低声になり発音はpùn)
　　　よって全体で yîi pùn と発音します。

練習6

次の単語を音節ごとに分け、それぞれの音節ごとに発音記号と声調記号を付け、全体を発音してください。

① ทำไม(なぜ)　　② ครอบครัว(家庭)
③ เข้าใจ(理解する)　　④ นิดหน่อย(少し)

5 複音節語の声調変化

　高(中)子音　ะ[a]　＋　低子音2　の場合

ここでは複音節の第2音節の声調が変わる法則です。第2課**5**のⅠで母音ะ[a] が省略される例を学びました。その [a] が省略された場合、第2音節の**低子音2**（第1課**4**）に続く声調は第1音節頭子音と同じ種類の子音のように発音されます。具体的に見てみましょう。

例えば、 ถนน(道路)は ถะ＋นน という2つの単音節から作られています。この単語の第2音節の頭子音 น は低子音2に属します。นน の発音だけなら［non］と平声になり**全体を規則どおりに**発音すると［thà・non］**となります**。ところが第1音節の頭子音が高子音のため［non］は高子音 ถ の影響を受け高子音で始まる音節として発音します。

ถนน は ถะ＋หนน という構造になり、 tha・nǒn と発音されます。**低子音2 以外**はこの影響を受けることなく第2音節の声調を作ります。省略さ

た母音ᴇ[a] の声調は特定できないと言われています（そのため本書では声調記号を付けていません）。

練習 7

次の単語 (複音節語) を 5 の説明に従って発音してください。

① **สนุก** (楽しい)　② **ตลาด** (市場)　③ **ชนิด** (種類)

④ **ขยัน** (勤勉な)　⑤ **แผนก** (部署)

水上マーケット

第4課　外来語用文字と特殊規則（例外事項）

1　例外事項の学習法

今までとは学習法が違う

みなさんは「規則を覚えなければ正解は得られない」と思っていませんか？　つまり 規則 → 正解 という手順です。このやり方で例外事項に取り組むと「タイ文字は規則が複雑で覚えられない」と錯覚する可能性があります。

ここではベクトルを変え 正解 → 規則 のように学んでください。簡単に言えば単語そのものの発音を先に覚えてしまうことです。

例外とは何？

① 外来語用文字：古代インド語を書き写す（音写する）ために使ったタイ文字のことです。本書では外来語用文字と言います。
② 特殊規則：古代インド文字をそのままタイ語の音に書き写したため、これまで学んだ読み方とは異なります。その異なった読み方が特殊規則です。

注意

> 外来語用文字の声調も第3課の声調規則に従います。
> 外来語用文字だけが特殊規則に当てはまるのではありません。

2　外来語用文字

Ⅰ　まず残りの14文字（外来語用文字）を紹介し、それらに対応する主要文字を（　）内に記します。頭子音、末子音としての働きは（　）内の主要文字と全く同じです（なお、第1課で見た低子音2はありません）。

① 中子音

　ฎ [dɔɔ]（=ด）　ฏ [tɔɔ]（=ต）

② 高子音

　ฐ [thɔ̌ɔ]（=ถ）　ศ [sɔ̌ɔ]（=ส）　ษ [sɔ̌ɔ]（=ส）

③ 低子音

　ฆ [khɔɔ]（=ค）　ฌ [chɔɔ]（=ช）　ฑ [thɔɔ]（=ท）
　ฒ [thɔɔ]（=ท）　ธ [thɔɔ]（=ท）
　ณ [nɔɔ]（=น）　ภ [phɔɔ]（=พ）　ฬ [lɔɔ]（=ล）
　ฮ [hɔɔ]（=対応字なし）

　　＊その他外来語用文字は ฮ[hɔɔ] 以外の文字すべてが末子音として使えます。

外来語用文字も効率的に覚えましょう。使用頻度の高い次の5文字を優先してください。

（Track 20）

① ณ [n]　② ศ [s]　③ ษ [s]　④ ธ [th]　⑤ ภ [ph]

Ⅱ　単語としてよく使う5文字を掲げます。まずこの5つの**単語を覚えることで5文字を覚えてください**。

① ณ[n]　คุณ[khun]（2人称の）あなた

② ศ[s]　③ ษ[s]　นักศึกษา[nák sùksǎa] 学生

④ ธ[th]　ธนาคาร[thanaakhaan] 銀行

⑤ ภ[ph]　ภาษาไทย[phaa sǎa thai] タイ語
　　　　　ภาษาญี่ปุ่น[phaa sǎa yîi pùn] 日本語

＊ ณ[n] や ษ[s] を頭子音として使うことはほとんどありません。

(外来語用文字)

　第1課から第3課までの主要文字は日本語に例えれば「ひらがな」、古代インド語の音写に使う外来文字は「漢字やカタカナ」に似ています (ญ[y] も外来語用文字ですが、声調規則説明のため便宜上「主要文字」に入れました)。本書ではインド起源の借用語を古代インド語と略します。

3　特殊規則

　次は特殊規則です(規則ではなく、単語そのものを覚えることを優先してください)。

(特殊規則の3ポイント)

> I　ร[r] 文字を駆使する
> II　再読文字
> III　読まない文字

　それでは次のふたつの単語を使って上のIからIIIを全体的に見てみましょう。

Track 21

　A ธรรมดา(普通)　　B ธรรมชาติ(自然)
　さて、このAとBどう読むでしょうか？

(インド系文字音写の特徴1　ร[r] を駆使する)

　まずรรです。末子音がない場合、母音 [an]、末子音がある場合 [a] と発音します。「ダルマ」と読みにくいため [a] と発音したのでしょう。そうするとธรรมดาは [thamdaa タムダー] と読めそうです。

(インド系文字音写の特徴2　再読する)

　しかしこれでもまだ不十分です。ธรรม[tham] の末子音 ม[m] をもう一度**頭子音** ม[m] として母音 [a] を付け [maマ] と読ませ [thammadaa タンマダー] と発音させます。これを再読と言います。

インド系文字音写の特徴 3 音写しても読みにくいものは読まない

さて、Bは「タンマ・チャーティ」と発音したいところですが、最後の母音 ͈[i] は読みません。これもインド起源の単語の特徴です。また、母音 ͜[u] も読まない場合があります（ติ と ตุ の場合がほとんどです）。そのため、Bは［thammachâat タンマチャーッ］と発音することになります。

・・・・・・これまでの例をいったんまとめておきましょう・・・・・・

I　รรの用法

末子音のない場合　an
末子音のある場合　a

Track 22　練習 1

รรの用法を参考に次の単語を発音してください。

① บรรดา（全体）　② ไม้บรรทัด（定規）　③ ธรรมเนียม（習慣）

Track 23　II　再読文字の構造について

「公務」という意味の ราชการ［ラーチャカーン］の例で見てみましょう。

一般には　　ราช　＋　การ　　ですが
　　　　　　［râat　＋　kaan］

実際は　　ราช　＋　ชะ　＋　การ　　と発音されます。
　　　　　［râat　＋　cha　＋　kaan］　⇨ ［râat cha kaan］

第1音節の末子音 ช が原則どおりtと発音され、次にこの ช が頭子音chとして再読されます。再読される子音（この場合 ช）には常に母音 ะ[a] が付きますが ะ[a] の声調は特定しません（声調なしと同じ）。

第4課　外来語用文字と特殊規則（例外事項）

練習2

再読文字の練習です。発音記号を書き、実際に発音してください。

① ผลไม้(果物) ② สุขภาพ(健康) ③ วิทยุ(ラジオ) ④ ชนบท(田舎)
⑤ สกปรก(汚れた)

　　＊ この練習は最初からできなくても結構です。まずカンで考え、あとで単語の発音法を覚えれば再読の勘所が少しずつわかります。

Ⅲ　ติとตุのように母音を読まない単語があります

　　ญาติ[yâat] 親戚　　　ประวัติ[prawàt] 歴史
　　สาเหตุ[săahèet] 原因

発音しない子音文字を示す符号

　読まない(読めない)文字の上には ์ (การันต์[kaaran カーラン])と呼ぶ符号を付け、その文字を発音しないことを示します。発音はできないけれど、文字だけは残しておこうという発想です。

(インド系文字)　ทุกข์[thúk] 苦
　　　　　　　อาทิตย์[aathít] 太陽、週
(欧米語系文字)　ฟิล์ม[fim] フィルム
　　　　　　　เปอร์เซ็นต์[pəəsen] パーセント

4　ร[r]の様々な読み方

รは規則破りの代表的な文字です。このรは重要な語彙によく出てきます(รรの用法は**3**で練習したためここでは省略します。残りの特別用法は6通りです)。まとめておきましょう。

Ⅰ　読まない(読めない) ร

　①ท[th] + ร[r] = s音を表すことがあります。
　　　ทราบ[sâap] 知っている、存じている　　ทราย[saai] 砂

② 連続した頭子音 จร[cr]－สร[sr]－ศร[sr]－ซร[sr] の ร[r] を読まない例です（特に จร[cr] は１語 จริง[ciŋ]（真の）しかありません）。
  จริง[ciŋ] 真の　สร้าง[sâaŋ] 建設する
  เสร็จ[sèt] 終わる　เศร้า[sâw] 悲しい

③ カーラン ˘ を付けず ร[r] を読まない（末子音文字が２つ以上並んだ場合によく現れます）。
  สามารถ[sǎamâat] 可能　เกษตร[kasèet] 農地
  นามบัตร[naambàt] 名刺

 ＊比較：โทร[thoo] 電話する
    โทรศัพท์[thoorasàp] 電話
    ここでは ร[r] が再読されています。

(Track 27) Ⅱ　ร[r] によって変化する母音

 連続する子音の場合、一般規則では คน[khon] のように母音 [o] を伴って発音しました。また ะ[a] の省略、อ[ʔ] と ห[h] による中・高子音化、二重子音もありました（第２課 5）。ところが ร の影響でこれらの規則が当てはまらない場合があります。

① 母音 o で発音すべき綴りを ɔɔ と読ませるパターン（-nɔɔ-）があります。
ละคร[lakhɔɔn] 劇　จราจร[caraacɔɔn] 交通
อักษร[àksɔ̌ɔn] 文字　นคร[nakhɔɔn] 都
วิศวกร[wísawakɔɔn] エンジニア　อวยพร[u:ai phɔɔn] 祝う

② 第２課 5 の I で見た Xะ の ะ[a] が省略される場合と異なり、頭子音文字 จ[c]・บ[b]・ม[m]・ท[th]・ธ[th] の後に ร[r] が続くと [a] ではなく [ɔɔ] で読ませるパターン（[-ɔɔr-]）があります。
จระเข้[cɔɔrakhêe] ワニ　บริษัท[bɔɔrisàt] 会社
ทรมาน[thɔɔramaan] 苦しめる

＊ 最後の単語**ทรมาน**[thɔɔramaan]（苦しめる）と少し前の**ทราบ**[sâap]（知っている）は出だしの連続子音が同じことに注意してください。

③ 二重子音のようで二重子音でない例
กร[kr] や **ปร**[pr] は見かけは二重子音のパターンですが、**ร**[r] の影響で変化する単語もあります。
กรุณา[karunaa]　どうか〜してください
ปริมาณ[parimaan]　量
(kru ではなく karu、pri ではなく pari)

5　残りの子音文字

Track 28

残る9文字も単語を覚えることで文字を覚えてください。

| ① **ฆ** [kh] | ② **ฌ** [ch] | ③ **ฎ** [d] | ④ **ฏ** [t] | ⑤ **ฐ** [th] |
| ⑥ **ฑ** [th] | ⑦ **ฒ** [th] | ⑧ **ฬ** [l] | ⑨ **ฮ** [h] | |

＊ ③と④はよく似ているので注意してください（④は下のくびれが2回あります）。②と⑥はほとんど使いません。

① **ฆ่า**[khâa] 殺す　**โฆษณา**[khôotsanaa] 宣伝　**เมฆ**[mêek] 雲

③ **กฎ**[kòt] 規則、規律　**กฎหมาย**[kòt mǎai] 法律

④ **ปฏิทิน**[patìthin] カレンダー、暦　**ปฏิเสธ**[patìsèet] 否定する

⑤ **รัฐบาล**[rátthabaan] 政府　**เศรษฐกิจ**[sèetthakìt] 経済

⑥ **ผลิตภัณฑ์** [phalìttaphan] 製産品

⑦ **เฒ่า**[thâw] 老いた

⑧ **นาฬิกา**[naalíkaa] 時計　**กีฬา**[kiilaa] 運動

⑨ **ฮ**は音を表す語や中国語・日本語などインド系以外の音写によく使います。
ฮ่องกง[hɔ̂ŋ koŋ] 香港　**ฮวงซุ้ย**[huːaŋsúi] 風水

ฮิๆ[híhí] ヒヒヒ… （笑い声）
ฮาราคีรี[haaraakhiirii] ハラキリ （=切腹）
ฮัลโหล[hanlŏo] もしもし、ハロー （英語）

> これで42文字が出揃いましたが、あとひとつ外来語用文字
> があります→ **ฤ**

ฤ　この文字は［r］から始まり母音は単語によって変わります。語数は限られています。**ฤ**[r]に続く母音にはある程度規則がありますが、これ以上の説明は省略します。

ฤดู[rúduu] 季節　　**อังกฤษ**[aŋkrìt] 英国
พฤหัสบดี[phrúhàtsabɔɔdii] 木曜　＊下線部分 ⇨ 例外

練習3

これまで学んだ第4課の復習です。次の①から⑮をタイ文字で書き発音記号もあわせて書いてください。

① タイ語　　② 日本　　③ 経済　　④ 健康
⑤ あなた（二人称）　⑥ 時計　　⑦ 自然　　⑧ 会社
⑨ 政府　　⑩ 学生　　⑪ 季節　　⑫ 果物
⑬ 歴史　　⑭ 法律　　⑮ 雲

その他の符号

① 反復符号 **ๆ**（呼称：ヤモック）
　　　พอ ๆ[phɔɔ phɔɔ] 十分な

② 省略符号 **ฯ**（呼称：パイヤーン ノーイ）
　　　กรุงเทพฯ[kruŋ thêep (mahăanakhɔɔn‥)] バンコク

③ 略符号 ฯลฯ (呼称：パイヤーンヤイ)

กรุงเทพฯ โตเกียวฯลฯ バンコク、東京など

[kruŋ thêep tookiːaw lɛ́ ừɯn ừɯn（または）pen tôn]

＊ **ฯลฯ** は **และอื่นๆ**[lɛ́ ừɯn ừɯn] や **เป็นต้น**[pen tôn] と読みます。

タイの鉄道

◆ 古代インド語：サンスクリット語とパーリ語が果たしたこと ◆

　サンスクリット語は支配層バラモン階級の好むフォーマルな言葉、パーリ語は日常的な話し言葉だったようです。主にこのふたつの言葉の影響で東南アジアにインド的思考が芽生えました。第2章で学ぶタイ語独特の表現も、遡れば土着化したインド人のおおらかな態度が影響していると思われます。その媒体となる古代インド語の音写をこの課で学びました。

第 2 章　タイ語文法と実践

　ここでは主にタイ語の使い方（文法）を学びます。内容は第 1 課から第 29 課までの文法編と実践編（会話・講読）に分かれ、文法編は順番に進むことでテーマ別に基本を固めることができるようになっています。「このテーマにはこの表現だ」と思い浮かべばしめたものです。
　実践編（会話）はタイ人同士の会話のため、話し手の性格や感情の起伏が直接言葉に現れています。初回から様々な表現が出てきますが、そのほとんどが文法編のどこかに出ています。

実践　会話（挨拶－プロローグ－）

最初に基礎挨拶を学びましょう。
まずはそのままフレーズを覚えてください。

สวัสดีค่ะ คุณ เป็ด sawàt dii khâ khun pèt	こんにちは、ペットさん。
คุณ เป็ด สบาย ดี หรือ คะ khun pèt sabaai dii rɯ̌ɯ khá	ペットさん、お元気ですか？
สบาย ดี ครับ คุณ นุ้ย ล่ะ sabaai dii khráp khun núi lâ	元気です、ヌイさんは（どうですか）？
ไม่ สบาย ค่ะ mâi sabaai khâ	元気ではありません。
ขอโทษ ครับ khɔ̌ɔ thôot khráp	ごめんなさい。
ไม่ เป็น ไร ค่ะ mâi pen rai khâ	構いません。
ขอบ คุณ มาก นะ คะ khɔ̀ɔp khun mâak ná khá	ありがとうございました。
พบ กัน ใหม่ นะ คะ คุณ เป็ด phóp kan mài ná khá khun pèt	ペットさん、またお会いしましょう。
ลาก่อน laa kɔ̀ɔn	さようなら。

> 語句

今後、新出単語はこの 語句 欄を見てください。

 สวัสดี　[sawàt dii]　こんにちは（朝も夜も使え、「さようなら」にも兼用できます）
 ค่ะ　[khâ]　（คะ　[khá]）　語末に付く丁寧語（女性用）
 คุณ　[khun]　～さん（敬称）、あなた
 เป็ด　[pèt]　ペット（人名、ここではニックネーム）
 สบายดีหรือ　[sabaai dii rɯ̌ɯ]　元気ですか
 ครับ　[khráp]　語末に付く丁寧語（男性用）
 สบายดี　[sabaai dii]　元気な
 นุ้ย　[núi]　ヌイ（人名、ニックネーム）
 ล่ะ　[lâ]　については
 ไม่　[mâi]　～でない
 ขอโทษ　[khɔ̌ɔ thôot]　ごめんなさい
 ไม่เป็นไร　[mâi pen rai]　大丈夫
 ขอบคุณ　[khɔ̀ɔp khun]　ありがとう
 นะ　[ná]　（です）ね
 พบกันใหม่　[phóp kan mài]　また会う
 ลาก่อน　[laa kɔ̀ɔn]　さようなら（この表現は「しばらく会わない、もう会えない」場合に使います。通常は สวัสดี[sawàt dii]または พบกันใหม่[phóp kan mài]などを使ってください）

* 年下の子どもなどに対する「ありがとう」は ขอบคุณ[khɔ̀ɔp khun]の代わりに ขอบใจ[khɔ̀ɔp cai]を使うこともあります。
* 初対面の人や目上の人には、挨拶（サワッディ）と一緒に合掌（ワイ＝ไหว้[wâi]）をしましょう。タイは特に年配者を尊敬する国です。

実践　会話

第1課　基礎事項

1　基本語順

まずタイ語の基本語順を確認しておきましょう。

Ⅰ　被修飾語＋修飾語
Ⅱ　主語＋動詞＋目的語（または補語）
Ⅲ　主語＋動詞
Ⅳ　主語 ＋ 補語

Ⅰ　被修飾語＋修飾語

อาหารนี้　⇨　この料理（名詞＋指示代名詞）
aahǎan níi
料理　この

ภาษาไทย　⇨　タイ語（名詞＋名詞）
phaasǎa thai
言葉　タイ

อาหารเผ็ด　⇨　辛い料理（名詞＋形容詞）
aahǎan phèt
料理　辛い

Ⅱ　主語＋動詞＋目的語（または補語）

ดิฉันไปกรุงเทพฯ　⇨　私はバンコクに行きます。（主語＋動詞＋目的語）
dichǎn pai kruŋthêep
私　行く　バンコク

เขาเป็นนักเรียน　⇨　彼は学生です。（主語＋動詞＋補語）
khǎw pen nák ri:an
彼　～である　学生

Ⅲ　主語＋動詞（主に目的語を必要としない場合や目的語が省略できる場合）

ฝน ตก　　　⇨　雨が降る。（主語＋動詞）
fǒn tòk
雨　降る

Ⅳ　主語＋補語

เชียงใหม่ สวย　　　⇨　チェンマイは美しい。（名詞＋形容詞）
chi:aŋmài sǔ:ai
チェンマイ　美しい

นี่ ปากกา　　　⇨　これはペンです。（指示代名詞＋名詞）
nîi pàakkaa
これ　ペン

語句

ภาษา [phaasǎa] 言葉		**ไทย** [thai] タイ	
อาหาร [aahǎan] 料理		**เผ็ด** [phèt] 辛い	
ดิฉัน [dichǎn] 私（話者が女性の場合）		**ไป** [pai] 行く	
กรุงเทพฯ [kruŋthêep] バンコク		**เขา** [khǎw] 彼、彼女	
เป็น [pen] である		**นักเรียน** [nák ri:an] 学生	
ฝน [fǒn] 雨		**ตก** [tòk] 降る、落ちる	
เชียงใหม่ [chi:aŋmài] チェンマイ（県名：タイ建国以前ランナー王国の都として栄えました）		**สวย** [sǔ:ai] 美しい	
นี่ [nîi] これ		**ปากกา** [pàakkaa] ペン	

2　主語＋形容詞

基本語順Ⅳのように形容詞の前に be 動詞に相当する単語は置きません。

เมืองไทย ร้อน　　　⇨　タイは暑い。
mɯ:aŋ thai rɔ́ɔn
国　タイ　暑い

第 1 課　基礎事項　51

คนไทยใจดีมาก　　⇨　タイ人はとても親切だ。
khon thai cai dii mâak
人　タイ　親切　とても

語句

เมือง [mɯːaŋ] 国、町	**ร้อน** [rɔ́ɔn] 暑い、熱い
คน [khon] 人	**ใจ** [cai] 心
ใจดี [cai dii] 親切な	**มาก** [mâak] とても、多い

3　形容詞の位置

タイ語の形容詞は、英語の副詞の位置に置かれることもあります。

เรียน ภาษา ไทย สนุก　　⇨　タイ語を楽しく学ぶ(タイ語を学ぶ
riːan phaasǎa thai sanùk　　　　のは楽しい)。
学ぶ　言葉　タイ　楽しい

สอน ภาษา ญี่ปุ่น เก่ง มาก　　⇨　日本語をとても上手に教える(日
sɔ̌ɔn phaasǎa yîipùn kèŋ mâak　　本語を教えるのがとても上手い)。
教える　言葉　日本　上手　とても

語句

เรียน [riːan] 学ぶ	**สนุก** [sanùk] 楽しい
สอน [sɔ̌ɔn] 教える	**ญี่ปุ่น** [yîipùn] 日本
เก่ง [kèŋ] 上手な	

4　人称代名詞

人称代名詞は次のものを覚えましょう。

```
1人称
ดิฉัน  [dichǎn]  私(女性)         ผม  [phǒm]  私(男性)
เรา    [raw]     私たち(男女とも)
```

ดิฉัน [dichǎn] は話し言葉になると [dichán] と発音することがあります（本書では [dichǎn] で統一します）。
ฉัน [chǎn]（[chán]）は親しい間柄で使う1人称単数。เรา [raw] は1人称複数ですが、1人称単数として、親しい間柄でも使えます。どちらも男女兼用です。

```
2人称
คุณ ［khun］ あなた（あなたたち）
```

```
3人称
เขา ［khǎw］（[kháw]） 彼・彼女（彼ら・彼女ら）
มัน ［man］ それ（非生物に使う）
```

> **複数表現と敬称**
> 人称代名詞に พวก [phû:ak] を付け、พวกคุณ [phû:ak khun]「あなたがた」、พวกเขา [phû:ak khǎw]「彼ら・彼女ら」のような複数表現を作れます。「私たち」の場合は พวกเรา [phû:ak raw] と言い、พวกดิฉัน [phû:ak dichǎn] とは言いません。名前の前に付けると「〜さんたち」となります。また、คุณ [khun] は名前の前に付け、敬称を表します。

5　動詞と形容詞の否定

動詞と形容詞を否定する場合、動詞・形容詞の前に ไม่ [mâi]（〜でない）を置きます。

เขา ไม่ กิน อาหาร เผ็ด
khǎw mâi kin aahǎan phèt
彼　否　食べる　料理　辛い

⇨　彼は辛い料理を食べない。

ภาษา ญี่ปุ่น ไม่ ยาก
phaasǎa yîipùn mâi yâak
言葉　日本　否　難しい

⇨　日本語は難しくない。

語句

กิน [kin] 食べる　　　　　　　ยาก [yâak] 難しい

練習 1

次の日本語をタイ語に訳してください。今後、練習の新出単語は **語句** に記します。

① 私はタイ語を学ぶ。
② 彼は辛い料理が好きだ。
③ タイはとても暑い。

語句

好き ชอบ [chɔ̂ɔp]

6 そして、しかし

「AとB」は A และ[lɛ́] B または A กับ[kàp] B と言います。「しかし〜」は แต่[tɛ̀ɛ] で表します。

พ่อ และ แม่　　　　　　　　　父と母
phɔ̂ɔ lɛ́ mɛ̂ɛ

โรงพยาบาล และ โรงแรม　　　病院とホテル
rooŋ phayaabaan lɛ́ rooŋ rɛɛm

หมา กับ แมว　　　　　　　　犬と猫
măa kàp mɛɛw

ตา กับ ฟัน　　　　　　　　　目と歯
taa kàp fan

อาหาร ไทย เผ็ด แต่ อร่อย มาก　タイ料理は辛いけれど、とてもおいしい。
aahăan thai phèt tɛ̀ɛ arɔ̀i mâak

語句

พ่อ	[phɔ̂ɔ]	父	แม่	[mɛ̂ɛ]	母
โรงพยาบาล	[rooŋ phayaabaan]	病院			
โรงแรม	[rooŋ rɛɛm]	ホテル	หมา	[mǎa]	犬
แมว	[mɛɛw]	猫	ตา	[taa]	目
ฟัน	[fan]	歯	อร่อย	[arɔ̀y]	おいしい

7　AまたはB

「AまたはB（のどちらか）」を表す場合 **หรือ**[rɯ̌ɯ] を使い、 A **หรือ**[rɯ̌ɯ] B と並べます。

อาหาร ไทย หรือ อาหาร ญี่ปุ่น　　　タイ料理または日本料理（タイ料理
aahǎan thai rɯ̌ɯ aahǎan yîipùn　　　または日本料理のどちらですか？）

คุณ ชอบ กรุงเทพฯ หรือ เชียงใหม่　　あなたはバンコクまたはチェンマ
khun chɔ̂ɔp kruŋthêep rɯ̌ɯ chi:aŋmài　イのどちらが好きですか？

ดิฉัน จะ ซื้อ ปากกา หรือ ดินสอ　　　私はペンまたは鉛筆を買います。
dichǎn cà sɯ́ɯ pàakkaa rɯ̌ɯ dinsɔ̌ɔ

語句

ซื้อ	[sɯ́ɯ]	買う	ดินสอ	[dinsɔ̌ɔ]	鉛筆
จะ	[cà]	（動詞の前に付き、未来の出来事を表す場合によく使います）			

8　（私）の（本）

所有関係を明確にしたい場合「物（もの）」という意味の **ของ**[khɔ̌ɔŋ] を使い、 A **ของ**[khɔ̌ɔŋ] B （BのA）と並べます。基礎語順（**1**のⅠ）の被修飾語＋修飾語の規則があるため **ของ**[khɔ̌ɔŋ] は省略することもできます。

หนังสือ ของ ดิฉัน　（= **หนังสือ ดิฉัน**）　　私の本
nǎŋsɯ̌ɯ khɔ̌ɔŋ dichǎn (=nǎŋsɯ̌ɯ dichǎn)

เงิน ของ บริษัท (= **เงิน บริษัท**) ŋən khɔ̌ɔŋ bɔɔrisàt (=ŋən bɔɔrisàt)	会社のお金
ของ ดิฉัน khɔ̌ɔŋ dichǎn	私のもの
ของ ใคร khɔ̌ɔŋ khrai	誰のもの（ですか？）

語句

หนังสือ [năŋsɯ̌ɯ]　本　　　**เงิน** [ŋən]　お金
บริษัท [bɔɔrisàt]　会社　　**ใคร** [khrai]　誰（第7課 **2**）

＊ 会話では **หนังสือ** [nǎŋsɯ̌ɯ]（本）を [náŋsɯ̌ɯ]と発音する場合があります。

9　文末の丁寧語

　文末に **ครับ**[khráp]（男性用）や **ค่ะ**[khâ]（女性用）を置くことで丁寧な文になります。女性の **ค่ะ**[khâ] は疑問文や呼びかける場合、声調が高声 **คะ**[khá] になります。単独で「はい（＝了解）」と言う場面にも使います。

　　＊ **ครับ**[khráp] は [r] が落ち [kháp] と発音される傾向にあります。会話ではあまり頻繁に **ครับ**[khráp] や **ค่ะ**[khâ] を繰り返すと丁寧すぎて不自然になり、相手が友人など親しい間柄の場合は、むしろ付けない方が自然です。

練習2

次の文をタイ語に訳してください。

① バンコクとチェンマイ

② 父の本または母の本

③ タイは暑いけれどとても住み心地がいい。

④ 私たちの学校

⑤ あなたの会社

語句

住み心地がいい **น่าอยู่** [nâa yùu]
学校 **โรงเรียน** [rooŋ riːan]

ワット・アルン（暁の寺）

第2課　これは〜です

1　これは〜です

例えば「これはペンです」のように、指示代名詞（これ、それ・あれ）が主語の場合、A（指示代名詞）＋B（ペン）のようにふたつの名詞をそのまま並べます。基本文型Ⅳ（主語＋補語）の構文に当てはまり、英語のbe動詞に相当する単語は必要ありません。

นี่ หนังสือ　　　　　　　　　　　これは本です。
nîi năŋsŭɯ

นั่น บ้าน ดิฉัน　　　　　　　　　あれは私の家です。
nân bâan dichăn

นี่ คุณ สุดา　　　　　　　　　　こちらはスダーさんです。
nîi khun sùdaa　　　　　　　　　　（紹介する場面で使う）

นี่ คือ มหาวิทยาลัยธรรมศาสตร์　これがすなわちタマサート大学で
nîi khɯɯ mahăawítthayaalai thammasàat　す。

語句

บ้าน　[bâan]　家
คือ　[khɯɯ]　すなわち（強い一致を表します）
มหาวิทยาลัย　[mahăawítthayaalai]　大学
ธรรมศาสตร์　[thammasàat]　タマサート（大学）

2　これ、それ・あれ、この、その・あの

自分にとって近いと感じた場合**นี่**[nîi]「これ」を使い、日本語の「それ、あれ」くらいに感じる場合**นั่น**[nân] を使います。また「**この**学校」のように名詞「学校」を修飾する場合、声調を変えた**นี้**[níi]（この〜）、**นั้น**[nán]（その〜（あの〜））を名詞の次に置きます。

นี่ ปากกา これはペンです。
nîi pàakkaa

ปากกา นี้ ใหม่ このペンは新しい。
pàakkaa níi mài

นั่น โรงเรียน あれは学校です。
nân rooŋ riːan

โรงเรียน นั้น เก่า あの学校は古い。
rooŋ riːan nán kàw

「この、その・あの」の複数

เหล่า นี้ [làw níi] これらの **เหล่า นั้น** [làw nán] それらの、あれらの

หนังสือ เหล่า นี้ หนา มาก これらの本はとても厚い。
năŋsɯ̌ɯ làw níi nǎa mâak

กาแฟ เหล่า นั้น ขม นิดหน่อย それらのコーヒーは少しにがい。
kaafɛɛ làw nán khǒm nít nɔ̀i

語句

ใหม่ [mài] 新しい	เก่า [kàw] 古い
หนา [nǎa] 厚い	กาแฟ [kaafɛɛ] コーヒー
ขม [khǒm] にがい	นิดหน่อย [nít nɔ̀i] 少し

◆ コーヒー ◆

アイスコーヒーは **กาแฟ เย็น** [kaafɛɛ yen] (**เย็น** [yen] 冷たい、涼しい)。ホットコーヒーは **กาแฟ ร้อน** [kaafɛɛ rɔ́ɔn]。ブラックは **กาแฟ ดำ** (**ดำ** [dam] 「黒」) [kaafɛɛ dam]。街中ではオーリアン **โอเลี้ยง** [oo líːaŋ] というアイスコーヒーも売られています。

📝 練習1 ●●●

次の文をタイ語に訳してください。

① これは私のペンです。

② こちらはマーリー（**มาลี** [maalii]）さんです。

③ そのかばんは重くない。とても軽いです。

④ それらの紙は薄い。

【語句】

重い	**หนัก** [nàk]		軽い	**เบา** [baw]
かばん	**กระเป๋า** [krapǎw]		紙	**กระดาษ** [kradàat]
薄い	**บาง** [baaŋ]			

3　AはBです

A **เป็น** [pen] B も「AはBです」という意味です。**เป็น** [pen] は *become*（〜になる）、*belong*（〜に属する）の意味で使うことが多く、BにはAの職業、所属または性格・状態を表す語が置かれます。

พี่ชาย เป็น ชาวนา　　　　　　兄は農夫です。
phîi chaai pen chaaw naa

น้องชาย เป็น หมอ　　　　　　弟は医者です。
nɔ́ɔŋ chaai pen mɔ̌ɔ

พี่สาว เป็น อาจารย์　　　　　　姉は先生です。
phîi sǎaw pen aacaan

น้องสาว เป็น นางพยาบาล　　　妹は看護師です。
nɔ́ɔŋ sǎaw pen naaŋ phayaabaan

【語句】

พี่ชาย	[phîi chaai]	兄	**ชาวนา** [chaaw naa]	農夫

น้องชาย [nɔ́ɔŋ chaai] 弟　　**หมอ** [mɔ̌ɔ] 医者
พี่สาว [phîi sǎaw] 姉　　**น้องสาว** [nɔ́ɔŋ sǎaw] 妹
พยาบาล [phayaabaan] 看護師
นาง [naaŋ] は女性に対する敬称
อาจารย์ [aacaan]（先生）は（[acaan] のように [aa] を短く発音する場合もあります。**อาหาร** [ahǎan] なども同様です）。大学以上の先生を**อาจารย์** [aacaan]、その他の先生は**ครู** [khruu] と言います。

* A **เป็น** [pen] B のAが指示代名詞の場合、「A（これ、それ）はB（という種類に属するもの）です」のような意味になり、単に「AイコールB」を表す**1**とは少しニュアンスが異なります。なお、タイの共通語では**1**と**3**「AはBです」のAとBを置きかえ、「本はこれです」や「農夫は兄です」などの表現は原則として作れません。

練習2

เป็น [pen] を使い、次の文をタイ語に訳してください。

① あの人は日本人です。
② 弟はタイ語の先生です。
③ あなたのお父さんは親切な人です。

4　ではありません

「AはB（名詞）ではない」のように**名詞を否定する場合**、Bの前に**ไม่** [mâi] ではなく**ไม่ใช่** [mâi châi] を置き A **ไม่ใช่** [mâi châi] B と並べます。A **เป็น** [pen] B の否定も同様です。

นี่ หนังสือ　　　　　　　　　　これは本です。
nîi nǎŋsɯ̌ɯ

นี่ ไม่ใช่ หนังสือ　　　　　　　　これは本ではありません。
nîi mâi châi nǎŋsɯ̌ɯ

เขา เป็น คนไทย　　　　　　　　彼はタイ人です。
khǎw pen khon thai

เขา ไม่ใช่ คนไทย　　　　　　　彼はタイ人ではありません。
khǎw mâi châi khon thai

練習3

ไม่ใช่ [mâi châi] を使い、タイ語に訳してください。

① それは私の鉛筆ではありません。

② この人は日本人ではありません。

5　ではないのですか？

「AはB（名詞）です」の否定疑問文「AはB（名詞）ではないのですか？」の語順は　A **ไม่ใช่** [mâi châi] B（名詞）**หรือ** [rǔɯ]　です。

นี่ ไม่ใช่ หนังสือ ของ คุณ หรือ คะ　　これはあなたの本ではないのですか？
nîi mâi châi nǎŋsɯ̌ɯ khɔ̌ɔŋ khun rɯ̌ɯ khá

― หนังสือ ของ ดิฉัน ค่ะ　　　　　私の本です。
　 nǎŋsɯ̌ɯ khɔ̌ɔŋ dichǎn khâ

― หนังสือ ของ พ่อ ค่ะ　　　　　　父の本です。
　 nǎŋsɯ̌ɯ khɔ̌ɔŋ phɔ̂ɔ khâ

◆ **タイ人はタイをどう呼ぶ？** ◆

タイ人がタイ（国）と言う場合、一般に**เมืองไทย** [mɯaŋ thai] と言います。他国（例えば日本）の場合、**เมือง** [mɯaŋ] を付けない場合が多く、「国家」という意味の**ประเทศ** [prathêet] を使って**ประเทศญี่ปุ่น** [prathêet yîipùn]（日本国）と呼ぶか、**ญี่ปุ่น** [yîipùn]（日本）をそのまま国名として使います。

第 3 課　ですか？（名詞の場合）

「A（名詞）はB（名詞）ですか？」と問う場合、基本パターンが 4 つあります。この課では 4 つのニュアンスの違いをしっかり把握してください。

1　でしょう？

「～でしょう？」と確認する場合、文末に **ใช่ไหม**[châi mǎi] を置きます。答えはそうであれば **ใช่**[châi]、違う場合は **ไม่ใช่**[mâi châi]（第 2 課 4 ）を使って答えます。

นี่ หนังสือ ของ คุณ ใช่ไหม คะ　　　　これはあなたの本でしょう？
nîi nǎŋsɯ̌ɯ khɔ̌ɔŋ khun châi mǎi khá

－ใช่ ค่ะ / ไม่ใช่ ค่ะ หนังสือ ของ เพื่อน
châi khâ / mâi châi khâ nǎŋsɯ̌ɯ khɔ̌ɔŋ phɯ̂ːan

　　　　　　　そうです（私の本です）。／違います、友達の本です。

語句

เพื่อน [phɯ̂ːan]　友達

＊ **ใช่ไหม**[châi mǎi] の **ไหม**[mǎi] も話し言葉では [mái] と発音しますが、今後これらの例には規則どおりの発音記号を付けます。

練習 1

ใช่ไหม[châi mǎi] を使い、次の文をタイ語に訳してください。

① これは日本の新聞でしょう？　—はい。／違います、中国の新聞です。
② あれはあなたの会社でしょう？　—はい。／違います、兄の会社です。

語句

中国　**จีน**　[ciin]　　　新聞　**หนังสือพิมพ์**　[nǎŋsɯ̌ɯphim]

2 ですよね?

「ですよね?」と最初からそうだと信じて確認する質問をする場合は、**ไม่ใช่หรือ**[mâi châi rɯ̌ɯ] を文末に置きます。答えは **1** と同様、そうであれば **ใช่**[châi]、違っていれば **ไม่ใช่**[mâi châi] を使って答えます。

นี่ หนังสือ ของ คุณ ไม่ใช่ หรือ คะ
nîi nǎŋsɯ̌ɯ khɔ̌ɔŋ khun mâi châi rɯ̌ɯ khá

これはあなたの本ですよね？
（これはあなたの本にまちがいないですね？）

—ใช่ ค่ะ / ไม่ใช่ ค่ะ หนังสือ ของ เพื่อน
châi khâ / mâi châi khâ nǎŋsɯ̌ɯ khɔ̌ɔŋ phɯ̂ːan

そうです（私の本です）。／違います、友達の本です。

練習 2

次の文を **ไม่ใช่หรือ**[mâi châi rɯ̌ɯ] を使い、タイ語に訳してください。

① これはタイ語の教科書ですよね？

—そうです。／違います、カンボジア語の教科書です。

② 彼は警官ですよね？　—そうです。／違います、兵士です。

語句

教科書（学習書）　**หนังสือเรียน**　[nǎŋsɯ̌ɯ riːan]　(**ตำรา**　[tamraa] も教科書・教材)
カンボジア（クメール）　**เขมร**　[khamě̌en]
警官　**ตำรวจ**　[tamrùːat]　　　兵士　**ทหาร**　[thahǎan]

3 か否か

文末に **หรือเปล่า**[rɯ̌ɯ plàw] を置くと「か否か（英語の... or not？）」のような問いになります。

นี่ หนังสือ ของ คุณ หรือ เปล่า คะ これはあなたの本ですか（それとも
nîi năŋsɯ̌ɯ khɔ̌ɔŋ khun rɯ̌ɯ plàw khá　違いますか）？

—**ใช่ ค่ะ หนังสือ ของ ดิฉัน** そうです、私の本です。
châi khâ năŋsɯ̌ɯ khɔ̌ɔŋ dichǎn

—**ไม่ใช่ ค่ะ หนังสือ ของ อาจารย์** 違います、先生の本です。
mâi châi khâ năŋsɯ̌ɯ khɔ̌ɔŋ aacaan

練習 3

หรือ เปล่า [rɯ̌ɯ plàw] を使い、次の文をタイ語に訳してください。

これはチャオプラヤー川（メナム川）ですか（それとも違いますか）？
—そうです。／違います、メコン川です。

語句

チャオプラヤー川（メナム川）　**แม่น้ำเจ้าพระยา** [mɛ̂ɛ nám câwphrayaa]

メコン川　**แม่น้ำโขง** [mɛ̂ɛ nám khɔ̌oŋ]

4 （本当に）～ですか？

文末に **หรือ** [rɯ̌ɯ] を置くと「（本当に）～ですか？」と意外・疑い・驚きのニュアンスを伴います。

เขา เป็น คน ญี่ปุ่น หรือ คะ 彼は（本当に）日本人なのですか？
khǎw pen khon yîipùn rɯ̌ɯ khá

—**ใช่ ค่ะ เขา เป็น คน ญี่ปุ่น** そうです、彼は日本人です。
châi khâ khǎw pen khon yîipùn

—**ไม่ใช่ ค่ะ เขา เป็น คน ไทย** 違います、彼はタイ人です。
mâi châi khâ khǎw pen khon thai

練習4

文末に **หรือ**[rɯ̌ɯ] を使い、次の文をタイ語に訳してください。

① これは(本当に)あなたの車なのですか？

　—そうです、私の車です。／違います、おじさんの車です。

② 彼は(本当に)会社員なのですか？

　—そうです。／違います、大学生です。

語句

車、自動車　**รถยนต์**　[rót yon]
おじさん　**คุณลุง**　[khun luŋ]　(親族名詞は補足参照)
会社員　**พนักงานบริษัท**　[phanák ŋaan bɔɔrisàt]　(**พนักงาน** [phanák ŋaan] ＝従業員)

＊ 学生 **นักเรียน**[nák riːan]　大学生 **นักศึกษา**[nák sùksǎa]
（**ศึกษา**[sùksǎa] ＝研究する）

◆ サバーイ（楽に！）◆

　タイ人の最も好む言葉といえば**สบาย**[sabaai]（サバーイ（元気である＝楽な状態でいること））でしょう。苦労、面倒なこと、気が重くなることは極力避けようとします。「常に楽な気持ちでいること」をタイ人は大切にします。緊張を強いられる仕事が終わりホッとしたとき「サバーイ・チャイ（心が楽になった）」と言います。否定のマイ・サバーイは「元気でない」以外に「病気になる」という意味もあり、日本語の「元気でない」とはニュアンスが多少異なります。

第4課　ですか？（動詞や形容詞の場合）

Track 33

1　ですか？（1）

「Aは（動詞・形容詞）ですか？」と問う場合、文末に **ไหม**[mǎi] を置きます。答えは聞かれた動詞や形容詞を使って答えます。

กิน ทุเรียน ไหม
kin thúri:an mǎi

ドリアンを食べますか？

−กิน ค่ะ／ไม่ กิน ค่ะ
kin khâ / mâi kin khâ

食べます。／食べません。

เข้าใจ ไหม คะ
khâw cai mǎi khá

わかりましたか？
（理解できましたか？）

−เข้าใจ นิด หน่อย／ไม่ เข้าใจ อะไร เลย
khâw cai nít nɔ̀i / mâi khâw cai arai ləəi

少しわかりました。／まったく何もわかりません。

ภาษาไทย ยาก ไหม
phaasǎa thai yâak mǎi

タイ語は難しいですか？

−ยาก จัง เลย／ไม่ ค่อย ยาก
yâak caŋ ləəi / mâi khɔ̂i yâak

本当に難しいです。
／あまり難しくないです。

語句

タイ語	発音	意味
กิน	[kin]	食べる
ทุเรียน	[thúri:an]	ドリアン
เข้าใจ	[khâw cai]	わかる、理解する
อะไร	[arai]	何
เลย	[ləəi]	全然〜（ない）＝否定文を強調する
จัง เลย	[caŋ ləəi]	本当に
ไม่ ค่อย	[mâi khɔ̂i]	あまり〜でない

＊「食事をする」**กิน ข้าว**[kin khâaw] の丁寧な言い方は **ทาน อาหาร**[thaan aahǎan] と言います。組み替えて **กินอาหาร**[kin aahǎan] や **ทาน ข้าว**[thaan khâaw] とも言えます。

ไหม[mǎi] は動詞や形容詞に付くと、相手に対する勧誘、同意を求めるなどのニュアンスを伴う場合があります。そのため第3課の「A（名詞）はB（名詞）ですか？」には、原則として**ไหม**[mǎi]（ですか？）を使いません。

練習1

ไหม[mǎi] を使い、次の文をタイ語に訳してください。

① あなたはトムヤムクンが好きですか？

―とても好きです。／あまり好きではありません。

② チェンマイへ遊びに行きますか？

―行きます。／行きません。

語句

トムヤムクン　**ต้มยำกุ้ง**　[tôm yam kûŋ]（**ต้ม**[tôm] 煮る、**ยำ**[yam] 混ぜる、**กุ้ง**[kûŋ] えび）

遊びに行く　**ไป เที่ยว**　[pai thî:aw]（**เที่ยว**[thî:aw] 観光する）

＊旅行する　**ท่องเที่ยว**　[thɔ̂ŋ thî:aw]（**นักท่องเที่ยว**[nák thɔ̂ŋ thî:aw] 旅行者）

2　ですか？（2）

「Aは（動詞・形容詞）ですか？」と問う文にも、第3課で学んだ疑問文（4つのパターン）が使えます。

ไป เที่ยว ภูเก็ต ใช่ ไหม
pai thî:aw phuukèt châi mǎi

プーケットへ遊びに行くのでしょう？（確認）

ไป เที่ยวภูเก็ต ไม่ ใช่ หรือ
pai thî:aw phuukèt mâi châi rǔɯ

プーケットへ遊びに行くのですよね？（確信）

ภาษา ไทย ยาก หรือ เปล่า
phaasǎa thai yâak rǔɯ plàw

タイ語は難しいですか？（それとも難しくないですか？）

ภาษา ไทย ยาก หรือ
phaasǎa thai yâak rǔɯ

（本当に）タイ語は難しいのですか？

語句

ภูเก็ต [phuukèt] プーケット（県名、タイ最大のビーチアイランド）

3 ではないのですか？

「Aは（動詞・形容詞）ですか？」の否定疑問文「Aは（動詞・形容詞）ではないのですか？」の語順は A **ไม่** [mâi] 動詞（形容詞）**หรือ** [rǔɯ] です。第2課 5 （A **ไม่ใช่** [mâi châi] B（名詞）**หรือ** [rǔɯ]「AはB（名詞）ではないのですか？」）と同様、否定疑問文の文末には **ไหม** [mǎi] ではなく **หรือ** [rǔɯ] を使います。

ไม่ ไป เที่ยว ภูเก็ต หรือ
mâi pai thî:aw phuukèt rǔɯ

プーケットへ遊びに行かないのですか？

−ไม่ ไป / ไป ซิ
mâi pai / pai sí

（はい）行きません。／（いいえ）行きますよ。

> **ซิ** [sí] は命令を表す文末詞ですが、前例の **ไปซิ** [pai sí] は「行くに決まってるじゃない」といったニュアンスが出ます。形容詞の場合も「暑いですか？暑いに決まっているじゃない！」が **ซิ** のニュアンスに近くなります。

練習2

ヒントを参考にして、次の①，②をタイ語に訳してください。

① ビールをあまり飲まないのですか？
② 塩をたくさん入れるのはよくない(こと)ですか？
—絶対よくないです。

語句

ビール　**เบียร์**　[biːa]
飲む　**ดื่ม**　[dùɯm]（または **กิน**[kin]）
塩　**เกลือ**　[klɯːa]
入れる　**ใส่**　[sài]
絶対に　**เด็ดขาด**　[dèt khàat]

ヒント：①は **ชอบ**[chɔ̂ɔp]「好き」を使って、②は **ไม่กินไม่ดี**[mâi kin mâi dii]「食べないことはよくない」という構文（第4文型）**ไม่กิน**[mâi kin] + **ไม่ดี**[mâi dii]「主語（食べないこと）＋補語（よくない）」をヒントに訳してください。

フルーツマーケット

第5課　動詞について

1 動詞の特徴

タイ語ではひとつの文（単文）に複数の動詞を使うことができます。

นั่ง รถเมล์ ไป อยุธยา
nâŋ rót mee pai ayútthayaa

バスに乗ってアユタヤへ行きます。

ลอง กิน แกงเผ็ด
lɔɔŋ kin kɛɛŋ phèt

ケーンペットを試しに食べる。

คุยไป กินไป สนุก มาก
khui pai kin pai sanùk mâak

おしゃべりしながら食べるのはとても楽しい。

(語句)

นั่ง [nâŋ] 座る、乗る
รถเมล์ [rót mee] バス
อยุธยา [ayútthayaa] アユタヤ（県名、世界遺産に登録された旧王朝の町）
　＊世界遺産　**มรดกโลก**[mɔɔradòk lôok]
ลอง[lɔɔŋ] 試す
แกงเผ็ด [kɛɛŋ phèt] ケーンペット（タイカレーの一種）
（**แกง**[kɛɛŋ] カレー（スープ）　**เผ็ด**[phèt]「辛い」）
คุย [khui] おしゃべりする
A **ไป**[pai] B **ไป**[pai] AしながらBする（慣用表現）

2 しに行く、しに来る

「しに行く、しに来る」は **ไป**[pai] ＋動詞、**มา**[maa] ＋動詞 で表します。

ไป ซื้อ ของ
pai sɯ́ɯ khɔ̌ɔŋ

買い物をしに行く。

ไป สอน ภาษา อังกฤษ　　　　英語を教えに行く。
pai sɔ̌ɔn phaasǎa aŋkrìt

มา ทำงาน　　　　　　　　　仕事をしに来る。
maa tham ŋaan

มา หา เพื่อน　　　　　　　　友達を訪ねて来る。
maa hǎa phɯ̂ːan

【語句】

อังกฤษ　[aŋkrìt]　英国　　　มา　[maa]　来る
ทำงาน　[tham ŋaan]　仕事をする（ทำ[tham]作る、する、งาน[ŋaan]仕事）
หา　[hǎa]　訪ねる、探す

3　して行く、して来た

「して**行く**、して**来た**、して**おく**、して**みる**、して**いる**、して**あげる**、～し**続ける**」の太字部分に対応するタイ語は、日本語同様「行く」「来る」「置く」「見る」「いる（居る）」「あげる（与える）」「続ける」と同じ意味の動詞を使います。

เอา เงิน **ไป**　　　　　　　　お金を持って**いく**。
aw ŋən pai

ไป ซื้อ น้ำปลา **มา**　　　　　ナンプラーを買いに行って**きた**。
pai sɯ́ɯ nám plaa maa

จอง โรงแรม **ไว้**　　　　　　ホテルを予約して**おく**。
cɔɔŋ rooŋ rɛɛm wái

ไป เที่ยว ภูเก็ต **ดู**　　　　　プーケットへ遊びに行って**みる**。
pai thîːaw phuukèt duu

พวก เรา กิน กาแฟ **อยู่**　　　　私たちはコーヒーを飲んで**いる**。
phɯ̂ːak raw kin kaafɛɛ yùu

จะสอน**ให้** 　　　　　　　　　　教えて**あげる**。
cà sɔ̌ɔn hâi

จะทำงาน**ต่อ** 　　　　　　　　仕事をし**続ける**。
cà tham ŋaan tɔ̀ɔ

語句

น้ำปลา　[nám plaa]　ナンプラー（魚醤：タイで一般に使う醤油）
จอง　[cɔɔŋ]　予約する　　　　ไว้　[wái]　置く
ดู　[duu]　見る　　　　　　　อยู่　[yùu]　いる(ある)
ให้　[hâi]　あげる、与える　　ต่อ　[tɔ̀ɔ]　継続する(続ける)

練習

太字に注目し、各文をタイ語に訳してください。

① 車に乗っていく。

② お酒を持ってくる。

③ この辞書を試しに使ってみる。

④ タイ語の勉強をしている。

⑤ お弁当を持って行ってあげる。

語句

お酒　เหล้า　[lâw]
辞書　พจนานุกรม　[phótcanaanúkrom]
試す　ลอง　[lɔɔŋ]
使う　ใช้　[chái]
弁当　ปิ่นโต　[pìntoo]

ไป [pai] は形容詞に付いて「〜過ぎる」、動詞に付いて「過度に〜し続ける」を表します。

 น้อย ไป [nɔ́ɔi pai] 少な過ぎる
 คิด ไป [khít pai] 考え続ける

 すればするほど… **ยิ่ง**[yîŋ] 〜 **ยิ่ง**[yîŋ] …
 ยิ่ง มาก ยิ่ง ดี [yîŋ mâak yîŋ dii] 多ければ多いほどよい。
 ยิ่ง อ่าน ยิ่ง สนุก [yîŋ àan yîŋ sanùk] 読めば読むほど楽しい。

  (**น้อย** [nɔ́ɔi] 少ない、**คิด** [khít] 考える)

程度や強調を表す表現

 มาก [mâak] とても
 นิด หน่อย [nít nɔ̀i] 少し
 ไม่[mâi] 〜 **เลย**[ləəi] 全然〜でない
 (เกิน)ไป [(kəən)pai] 過ぎる
 จัง (เลย) [caŋ ləəi] (**จริงๆ**[ciŋ ciŋ])本当に
 ไม่ค่อย [mâi khôi] (**ไม่**[mâi] 〜 **เท่าไร**[thâw rai]または
 ไม่ [mâi] 〜 **มาก** [mâak]) あまり〜でない
 เด็ดขาด [dèt khàat] 絶対に〜(否定文に使う)

古典舞踊の練習風景

第6課　単語の組み合わせ

タイ語は単音節語が複数集まって新しい単語を作ります。ここで代表例を整理しておきましょう。

1 単音語の組み合わせ

น้ำ(水) ＋ ตา(目)　　　⇨　　น้ำตา [nám taa] 涙
nám　　　　taa

รถ(車) ＋ ใต้(下) ＋ ดิน(土)　⇨　รถใต้ดิน [rót tâi din] 地下鉄
rót　　　　tâi　　　din

ร้าน(店) ＋ เสริม(増加する) ＋ สวย(美しい)
ráan　　　　sə̌əm　　　　sǔːai
　　　　　　　　⇨　ร้านเสริมสวย [ráan sə̌əm sǔːai] 美容院

2 名詞を作る การ[kaan] と ความ[khwaam]

① การ[kaan] ＋名詞・動詞（การ[kaan] 仕事）

　　เมือง[mɯːaŋ] 国、市、町　　การเมือง[kaan mɯːaŋ] 政治

　　ศึกษา[sùksǎa] 研究する　　การศึกษา[kaan sùksǎa] 教育

② ความ[khwaam] に動詞・形容詞を付け、抽象名詞を作ります（ความ[khwaam] 事柄、内容）。

　　เห็น[hěn] 見える、目に入る　　ความเห็น[khwaam hěn] 意見、見解

　　ดี[dii] よい　　ความดี[khwaam dii] 善

> **การ**[kaan] と **ความ**[khwaam] に同じ動詞 (**ตาย**[taai] 死ぬ) を付けてみましょう。
>
> **การตาย**[kaan taai] 死ぬこと (コレラによる**死亡**が急増しました)
> **ความตาย**[khwaam taai] 死 (**死**を見つめて生きる)
>
> このように **การ**[kaan] は行われたこと (行為)、**ความ**[khwaam] は抽象概念を表します。

3 その他

ใจ[cai] (心) にいろいろな形容詞を付けると性格を表す言葉を作ります。

 ใหญ่[yài] 大きい   **ใจใหญ่**[cai yài] 寛容な、気前の良い

 กว้าง[kwâaŋ] 広い   **ใจกว้าง**[cai kwâaŋ] 寛大な

 แคบ[khɛ̂ɛp] 狭い   **ใจแคบ**[cai khɛ̂ɛp] 心が狭い

形容詞に **ใจ**[cai] を付けると気持や感情を表します。

 ดี[dii] よい ⇨ **ใจดี**[cai dii] 親切な (性格)

         ดีใจ[dii cai] 嬉しい (気持ち・感情)

 น้อย[nɔ́ɔi] 小さい ⇨ **ใจน้อย**[cai nɔ́ɔi] 小心な (性格)

         น้อยใจ[nɔ́ɔi cai] 不満に思う、ひがむ (気持ち・感情)

動詞に **ใจ**[cai] を付けることもできます。

 ตก[tòk] 落ちる ⇨ **ตกใจ**[tòk cai] びっくりする、驚く

＊ 上例以外にもタイ語はいろいろな語が付き合成語を作ります。

 ขี้ [khîi] 糞

ขี้ เกียจ [khîi kìːat]　面倒くさい
ขี้ ลืม [khîi lɯɯm]　忘れっぽい
ขี้ หนาว [khîi năaw]　寒がり
ขี้ อาย [khîi aai]　恥ずかしがり
＊ขี้ [khîi] はやや否定的なイメージを伴います。

คำ [kham]　語
　คำ อธิบาย [kham athíbaai]　説明
　คำ นำ [kham nam]　序文
　คำ สั่ง [kham sàŋ]　命令

เครื่อง [khrɯ̂ːaŋ]　機械（物）
　เครื่อง บิน [khrɯ̂ːaŋ bin]　飛行機
　เครื่อง ดื่ม [khrɯ̂ːaŋ dɯ̀ɯm]　飲み物
　เครื่อง ดนตรี [khrɯ̂ːaŋ dontrii]　楽器

โรง [rooŋ]　館、舎
　โรงเรียน [rooŋ riːan]　学校
　โรงพยาบาล [rooŋ phayaabaan]　病院
　โรงรับจำนำ [rooŋ ráp camnam]　質屋

นัก [nák]　人、者
　นักเรียน [nák riːan]　学生
　นักกีฬา [nák kiilaa]　スポーツマン
　นักธุรกิจ [nák thúrakìt]　ビジネスマン

(語句)

เกียจ [kìːat]　怠慢な	ลืม [lɯɯm]　忘れる
หนาว [năaw]　寒い	อาย [aai]　恥ずかしい
อธิบาย [athíbaai]　説明する	นำ [nam]　導く
สั่ง [sàŋ]　命令する	บิน [bin]　飛ぶ
ดนตรี [dontrii]　音楽	
พยาบาล [phayaabaan]　看護(看病)する	
รับจำนำ [ráp camnam]　質に取る	
กีฬา [kiilaa]　スポーツ	ธุรกิจ [thúrakìt]　ビジネス

第6課　単語の組み合わせ

練習

ใจ[cai]（心）に次の単語を続けると、どのような性格になるでしょうか？

① ดำ[dam] 黒い　② เย็น[yen] 涼しい　③ อ่อน[ɔ̀ɔn] 軟らかい

④ ร้อน[rɔ́ɔn] 暑い　⑤ ลอย[lɔɔi] 浮かぶ、漂う

涅槃仏

◆ サヌック（楽しい）◆

　タイ人はサバーイであると同時に สนุก[sanùk]（サヌック（楽しい））という気持ちも大切にします。サヌックは外面より内面の充実感や多幸感を重んじる傾向があるように思われ「幸せな気分＝サヌック」とも言えそうです。

第 7 課　何、誰、どこ

1　何　อะไร[arai]

「何」と尋ねる場合 อะไร[arai] を使い、答えを聞きたいところに置きます。答える際、既にわかっているものは省略しても構いません。以下 2 3 も同様です。

นี่ อะไร nîi arai	これは何ですか？
−นี่ ส้มโอ nîi sôm oo	これはソムオーです。
คุณ เรียน อะไร khun riːan arai	あなたは何を勉強しますか？
−ดิฉัน เรียน ภาษา ไทย dichǎn riːan phaasǎa thai	私はタイ語を勉強します。
เขา ชื่อ อะไร khǎw chʉ̂ʉ arai	彼は何という名前ですか？
−เขา ชื่อ วิชัย khǎw chʉ̂ʉ wichai	彼はウィチャイという名前です。

語句

- ส้มโอ　[sôm oo]　ソムオー（柑橘類、ザボンの一種）
- ชื่อ　[chʉ̂ʉ]　名前
  - ＊ นามสกุล　[naamsakun]　姓（苗字）

2　誰　ใคร[khrai]

เขา เป็น ใคร khǎw pen khrai	彼は誰ですか？

—เขา เป็น อาจารย์ ดิฉัน ค่ะ 　　彼は私の先生です。
　khǎw pen aacaan dichǎn khâ

นี่ หนังสือ ของ ใคร 　　これは誰の本ですか？
nîi nǎŋsɯ̌ɯ khɔ̌ɔŋ khrai

—ของ ดิฉัน ค่ะ 　　私の本です。
　khɔ̌ɔŋ dichǎn khâ

ใคร สอน ภาษา ไทย 　　誰がタイ語を教えますか？
khrai sɔ̌ɔn phaasǎa thai

—อาจารย์ วณีย์ จะ สอน 　　ワニー先生が教えます。
　aacaan wanii cà sɔ̌ɔn

3　どこ　ไหน [nǎi]

คุณ จะ ไป ไหน 　　あなたはどこへ行きますか？
khun cà pai nǎi

—ดิฉัน ไป โรงพยาบาล 　　私は病院へ行きます。
　dichǎn pai rooŋ phayaabaan

เขา มา จาก ไหน 　　彼はどこから来ましたか？
khǎw maa càak nǎi

—เขา มา จาก (จังหวัด) ลพบุรี 　　彼はロップリー（県）から来ました
　khǎw maa càak (caŋwàt) lópburii 　　（来ます）。

　＊ เขา มา (จังหวัด) ลพบุรี 　　彼はロップリー（県）に来ました
　　khǎw maa (caŋwàt) lópburii 　　（来ます）。

【語句】

จาก　[càak]　から　　　　จังหวัด　[caŋwàt]　県
ลพบุรี　[lópburii]　ロップリー（県名）

練習1

1 から **3** の「何」「誰」「どこ」を使い、次の文をタイ語に訳してください。

① この手紙はどこから来ましたか？ ―スコータイからです。
② あの人はどこへ行きますか？ ―トンブリーへ行きます。
③ 誰がアユタヤに行きますか？ ―ワニーさんが行きます。
④ 彼は何を教えますか？ ―日本語を教えます。

語句

手紙　**จดหมาย**　[còtmăai]
スコータイ　**สุโขทัย**　[sùkhŏothai]（県名、タイの初代王朝）
トンブリー　**ธนบุรี**　[thonburii]（チャオプラヤー川の対岸の地域、バンコク（ラッタナコーシン）王朝の一時代前の王朝）

＊タイには **บุรี**[burii] が付く県が多く、古代インド語で「市、町」という意味です。

4　疑問文の文末の **บ้าง**[bâaŋ]

答えがいくつか想定される場合、疑問文の文末に **บ้าง**[bâaŋ] を付けます（会話では **มั่ง**[mâŋ] も使います）。答える側は必ずしも複数を答える必要はありません。

มี อะไร บ้าง
mii arai bâaŋ
　何がありますか？（注文するときなどに使う）

―**มี มะม่วง มะละกอ และ เงาะ**
　mii mamûːaŋ malakɔɔ lɛ́ ŋɔ́
　マンゴー、パパイヤとランブータンがあります。

―**มี แค่ สับปะรด / มี แค่ นี้ เอง**
　mii khɛ̂ɛ sàpparót / mii khɛ̂ɛ níi eeŋ
　パイナップルしかありません。／これだけです。

＊**บ้าง**[bâaŋ] や **มั่ง**[mâŋ] には「いくつかの」「多少の」という意味があります。

語句

มี [mii] いる（ある）
มะม่วง [mamûːaŋ] マンゴー（果物名）
มะละกอ [malakɔɔ] パパイヤ（果物名）
เงาะ [ŋɔ́] ランブータン（果物名）
สับปะรด [sàpparót] パイナップル
แค่ [khêɛ] だけ
เอง [eeŋ] ただ、ほんの

練習 2

บ้าง[bâaŋ] を使って、タイ語に訳してください。

① あなたはどこへ行きますか？ —パタヤとサメット島です。

② 何を食べるのが好きですか。 —カオパット(焼飯)と焼き鳥です。

語句

パタヤ พัทยา [phátthayaa]
サメット島 เกาะเสม็ด [kɔ̀ samèt]（เกาะ[kɔ̀] 島）
カオパット ข้าวผัด [khâaw phàt]（ข้าว[khâaw] 米、ผัด[phàt] 炒める）
焼き鳥 ไก่ย่าง [kài yâaŋ]（ไก่[kài] 鶏、ย่าง[yâaŋ] 焼く）

5　疑問文以外の用法

อะไร[arai]（何）、ใคร[khrai]（誰）、ไหน[nǎi]（どこ）は疑問文以外に「何か」「何も」のように不定の事柄を述べる場合にも使います。

มีอะไรมั่ง　　　　　　　　　　何がありますか？
mii arai mâŋ

−อะไรๆก็มี　　　　　　　　　　何でもあります。
　arai arai kɔ̂(ɔ) mii

82

—ไม่มีอะไร mâi mii arai	何もありません（何でもありません）。
เขาไม่ไปไหนเลย อยู่บ้านเฉยๆ khăw mâi pai năi ləəi yùu bâan chəəi chəəi	彼はどこにも行きません、家にいるだけです。
นั่นไม่ใช่ของใคร nân mâi châi khɔ̌ɔŋ khrai	それは誰の物でもありません。
มีใครมาหาดิฉันหรือเปล่า mii khrai maa hăa dichăn rɯ̌ɯ plàw	誰か私を訪ねて来ましたか？

語句

เฉยๆ ［chə̌(ə)i chəəi］ ただ〜しているだけ（例：**ดูเฉยๆ**［duu chə̌i chəəi］見ているだけ（買わない）など）

タイ南部のリゾートビーチ

第 8 課　いる、ある（場所を表す言い方） (Track 36)

1 いる、ある

「Aは～にいる・ある」は A ＋ **อยู่**[yùu] ＋ 場所 で表します。

พ่อ ดิฉัน อยู่ กรุงเทพฯ　　　　私の父はバンコクにいます。
phɔ̂ɔ dichǎn yùu kruŋthêep

คุณ สมชาย อยู่ ไหม คะ　　　　ソムチャーイさんはいますか？
khun sǒmchaai yùu mǎi khá

－อยู่ ค่ะ／ไม่ อยู่ ค่ะ　　　　　います。／いません。
yùu khâ／mâi yùu khâ

練習

อยู่[yùu] を使い、次の文をタイ語に訳してください。

① 彼の恋人はパトゥムターニーにいます。

② マーリーさんはいますか？

　―います。／いません、トイレに入ってます。

語句

恋人　**แฟน**　[fɛɛn]（配偶者を表すこともあります）
パトゥムターニー（バンコクの隣接県）　**ปทุมธานี**　[pathumthaanii]
トイレ　**ห้องน้ำ**　[hɔ̂ŋ ná(a)m]

＊ 前出の **บุรี**[burii] 同様、**ธานี**[thaanii] も多くの県名に付いています。これもインド起源の語で、意味は **บุรี**[burii] とほぼ同じ、「市、町」という意味です。

2 どこにいますか（ありますか）？

「Aはどこにいますか（ありますか）？」は A + **อยู่(ที่)ไหน**[yùu (thîi) nǎi]
で表します。

อาจารย์ อยู่ ที่ ไหน　　　　　先生はどこにいますか？
aacaan yùu thîi nǎi

　ー อยู่ ที่ ห้อง อาหาร　　　食堂にいます。
　　yùu thîi hɔ̂ŋ aahǎan

ห้องน้ำ อยู่ ที่ ไหน　　　　　トイレはどこにありますか？
hɔ̂ŋ nám yùu thîi nǎi

　ー อยู่ ที่ นี่　　　　　　　ここにあります。
　　yùu thîi nîi

　　＊ 答える際 **ที่**[thîi] は省略できます。
　　　例： **อยู่ ห้อง อาหาร**[yùu hɔ̂ŋ aahǎan] 食堂にいます。

(語句)

　食堂　**ห้อง อาหาร**　[hɔ̂ŋ aahǎan]　＝料理の部屋

3 位置を表す語

ที่[thîi]（所、場所）以外の位置を表す語をまとめておきます。

บน[bon] 上	**หน้า**[nâa] 前	**ใน**[nai] 中	**ซ้าย**[sáai] 左
ใต้[tâi] 下	**หลัง**[lǎŋ] 後ろ	**นอก**[nɔ̂ɔk] 外	**ขวา**[khwǎa] 右
ข้าง[khâ(a)ŋ] 隣り、側		**กลาง**[klaaŋ] 中央（真ん中）	

　＊ **ข้าง**[khâ(a)ŋ] に場所を表す語が付いて「〜側」を表します。

แมว อยู่ บน เก้าอี้　　　　　ネコは椅子の上にいます。
mɛɛw yùu bon kâw îi

นาฬิกา คุณ อยู่ ใต้ โต๊ะ
naalíkaa khun yùu tâi tó
あなたの時計は机の下にあります。

ผลไม้ อยู่ ใน ตู้เย็น
phǒnlamái yùu nai tûu yen
果物は冷蔵庫の中にあります。

วัด อยู่ กลาง เมือง นี้
wát yùu klaaŋ mɯːaŋ níi
寺はこの町の中央にあります。

ลูกชาย อยู่ ข้าง บน
lûuk chaai yùu khâ(a)ŋ bon
息子は上にいます。

ลูกสาว นอน อยู่ ข้าง ล่าง
lûuk sǎaw nɔɔn yùu khâ(a)ŋ lâaŋ
娘は下で寝ています。

(語句)

เก้าอี้	[kâw îi] 椅子		นาฬิกา	[naalíkaa] 時計、時刻
โต๊ะ	[tó] 机		ผลไม้	[phǒnlamái] 果物
ตู้เย็น	[tûu yen] 冷蔵庫		วัด	[wát] 寺
ลูกชาย	[lûuk chaai] 息子		ลูกสาว	[lûuk sǎaw] 娘
นอน	[nɔɔn] 寝る			

「～の下にいる」という場合、**อยู่ ใต้**[yùu tâi] ～のように**ใต้**[tâi] を使いますが、単に「下(側)にいる」と言う場合は、**ข้าง**[khâ(a)ŋ] (側) に **ล่าง**[lâaŋ] (下) を付け、**อยู่ ข้าง ล่าง**[yùu khâ(a)ŋ lâaŋ] のように言います。「下」の場合は要注意です。

練習2

場所を表す単語を使い、タイ語に訳してください。

① 郵便局は幼稚園の前にあります。

② 銀行は私の会社の後ろにあります。

③ 警察は市場の右側にあります。
④ 大使館は職場の左側にあります。
⑤ 空港は汽車の駅の隣りにあります。
⑥ 母は下で洗濯をしています。
⑦ デパートは運動場の反対側にあります。

語句

郵便局　**ไปรษณีย์**　[praisanii]
幼稚園　**โรงเรียนอนุบาล**　[rooŋ ri:an anúbaan]　（**อนุบาล** [anúbaan]（世話をする，保育する）だけで幼稚園（名詞）を表します）
銀行　**ธนาคาร**　[thanaakhaan]
警察　**โรงพัก**　[rooŋ phák]
市場　**ตลาด**　[talàat]
大使館　**สถานทูต**　[sathǎan thûut]
空港　**สนามบิน**　[sanǎam bin]
駅　**สถานี**　[sathǎanii]
列車、汽車　**รถไฟ**　[rót fai]
洗濯する　**ซักผ้า**　[sák phâa]
デパート　**ห้างสรรพสินค้า**　[hâaŋ sàpphasǐnkháa]
運動場　**สนามกีฬา**　[sanǎam kiilaa]
反対側　**ตรง(กัน)ข้าม**　[troŋ (kan) khâam]

＊「左手(右手)にいる、ある」という場合 A **อยู่ข้างซ้าย(ขวา)มือ** [A yùu khâ(a)ŋ sáai(khwǎa) mɯɯ] と言います。「左手(右手)に」の「手」は手首の手と同じ **มือ**[mɯɯ] を使います。

4 場所を表す

อยู่[yùu] と **ที่**[thîi] は動詞のあとに付いて、前置詞のような使い方もできます。

ดิฉัน เคย ทำงาน อยู่ เมือง ไทย ค่ะ	私はタイで仕事をしたこ
dichăn khəəi tham ŋaan yùu mɯːaŋ thai khâ	とがあります。

—หรือ ครับ ทำงาน อยู่ กรุงเทพฯ ใช่ไหม	そうですか、バンコクで
rɯ̌ɯ khráp tham ŋaan yùu kruŋthêep châi măi	仕事をしたのでしょ？

ค่ะ	はい。
khâ	

—พัก ที่ ไหน	どこに滞在していました
phák thîi năi	か？

อยู่ หอพัก ของ บริษัท ที่ รังสิต ค่ะ	ランシットにある会社の
yùu hɔ̌ɔ phák khɔ̌ɔŋ bɔɔrisàt thîi raŋsìt khâ	寮に住んでいました。

＊ **อยู่**[yùu] は英語の *in* のように「範囲」を表し、**ที่**[thîi] は英語 *at* のように「限定した一地点」を指します。

(語句)

เคย[khəəi] ＋動詞　したことがある（第13課）
หรือ　[rɯ̌ɯ]　（「そう（ですか）」と相槌を打つときに使います。
　　　短く **รึ**[rú] または母音を変え **เหรอ**[rə̌ə] と発音することもあります）
พัก　[phák]　滞在する、休む
หอพัก　[hɔ̌ɔ phák]　寮　（**หอ**[hɔ̌ɔ]建物）
รังสิต　[raŋsìt]　ランシット（地名＝バンコク市内から北へ行った町）

5　มี[mii] について

มี[mii] ＋A で「Aがいる・ある（存在）」を表します。これまでに見た **อยู่**[yùu] が居場所（所在）を述べるのに対し、**มี**[mii] は「そのもの（その事柄）の存在」について述べます。

เขา มี ชื่อ เสียง	彼には名声がある（彼は有名です）。
khăw mii chɯ̂ɯ sǐːaŋ	

ดิฉัน ไม่ มี แฟน
dichǎn mâi mii fɛɛn
私には恋人がいません（私は恋人を持っていません）。

มี ดอกไม้ สวย
mii dɔ̀ɔk mái sǔ:ai
美しい花があります。

มี รถเมล์ ไป สุโขทัย
mii rótmee pai sùkhǒothai
スコータイへ行くバスがあります（バスがあり、（そのバスは）スコータイへ行きます）。

มี อาจารย์ สอน ภาษา บาลี อยู่ ใน วัด
mii aacaan sɔ̌ɔn phaasǎa baalii yùu nai wát
寺の中でパーリ語を教えている先生がいます。

มี กระเป๋า อยู่ บน เตียง
mii krapǎw yùu bon ti:aŋ
ベッドの上にかばんがあります。

この例文は **มี**[mii] から始まっているため最初は存在を表し、後半で **อยู่**[yùu]（居場所）が出てきます。「かばんが**あり**（存在し）、そのかばんはベッド（という所在地）に**ある**」という意味です。

* B + **มี**[mii] + A は「BにはAがいる（ある）」「BはAを持っている」

語句

ชื่อเสียง [chûɯ sǐ:aŋ] 名声（**ชื่อ**[chûɯ] 名前、**เสียง**[sǐ:aŋ] 声）
บาลี[baalii] パーリ（語）　　**เตียง**[ti:aŋ] ベッド
＊ パーリとは元来、線・列を意味し「基準、聖典」を表します。

練習3

มี[mii] を使い、タイ語に訳してください。

① タイにはきれいな海があります。
② 猿が木の上にいます。
③ 向こうに象がいます。
④ チェンマイ行きの列車があります。

⑤ この部屋の中でタイ語を教えている人がいます。

語句

海	**ทะเล** [thalee]	猿	**ลิง** [liŋ]
木	**ต้นไม้** [tôn mái]	向こう	**โน่น** [nôon]
象	**ช้าง** [cháaŋ]		

* **แห่ง** [hɛ̀ŋ] は「所」「場所」という意味ですが、固有名詞や組織名などに使います。

ธนาคาร แห่ง ประเทศไทย　　タイ国立銀行
thanaakhaan hɛ̀ŋ prathêet thai

พิพิธภัณฑ์ สถาน แห่ง ชาติ　　国立博物館
phíphítthaphan sathǎan hɛ̀ŋ châat

語句

สถาน [sathǎan]　場所
พิพิธภัณฑ์ [phíphítthaphan]　博物館
ชาติ [châat]　（ここでは）国家

王宮

第9課　〜も

1 主語の場合

「A も〜」を表す場合、 A **ก็**[kɔ̂ɔ] 〜 の順に並べます。

คุณสุดาก็ เรียน ภาษา ญี่ปุ่น
khun sùdaa kɔ̂ɔ riːan phaasǎa yîipùn

スダーさんも日本語を勉強しています。

หาดใหญ่ก็ เป็น เมือง ใหญ่
hàat yài kɔ̂ɔ pen mɯːaŋ yài

ハートヤイも大都市です。

参考

หาดใหญ่　[hàat yài]　ハートヤイ（ハジャイ、タイ南部の商業都市）

2 目的語の場合 (1)

目的語を表す事柄について「〜も」と言う場合、文末に **ด้วย** [dûːai] を置きます。

ดิฉัน ไป จีน และ เวียดนาม ด้วย
dichǎn pai ciin lɛ́ wîːatnaam dûːai

私は中国に行き、そしてベトナムにも行きます。

เอา กล้วย และ น้ำ ส้ม ด้วย
aw klûːai lɛ́ nám sôm dûːai

バナナ、そしてオレンジジュースもください。

語句

เวียดนาม　[wîːatnaam]　ベトナム
เอา　[aw]　要る、〜をください（注文するときに使います）
กล้วย　[klûːai]　バナナ
ส้ม　[sôm]　オレンジ

3 目的語の場合 (2)

目的語の部分を前に置くこともできます。その際 ก็[kɔ̂ɔ] を使うと「～も」が明確になります。

เวียดนาม ก็ ไป (ด้วย)
wîatnaam kɔ̂ɔ pai (dûːai)

ベトナムにも行きます。

เบียร์สด ก็ ดื่ม (ด้วย)
biːa sòt kɔ̂ɔ dɯ̀ɯm (dûːai)

生ビールも飲みます。

(語句)

สด [sòt] 生の、フレッシュな (**เงินสด** [ŋən sòt] 現金)

4 一緒に～する ～ ด้วยกัน [dûːai kan]

พวกเรา ทำ บุญ ที่ วัด ด้วย กัน
phûːak raw tham bun thîi wát dûːai kan

私たちは一緒にお寺でお布施をします。

ไป เที่ยว เมือง จีน ด้วย กัน ไหม   **— ไป ซิ**
pai thîːaw mɯːaŋ ciin dûːai kan mǎi   pai sí

一緒に中国へ遊びに行きますか？ —行きますよ！

＊ **ด้วย** [dûːai] は「私も (～する)」など軽い受け答えにも使えます。

เขา ชอบ อาหาร ไทย มาก   **— ดิฉัน ด้วย**
khǎw chɔ̂ɔp aahǎan thai mâak   dichǎn dûːai

彼はタイ料理がとても好きです。—私もです。

＊ **กัน** [kan] には「お互いに」という意味があり主語が複数であることを示しています。

พวกคุณ เป็น พี่น้อง กัน หรือ แฟน กัน
phûːak khun pen phîi nɔ́ɔŋ kan rɯ̌ɯ fɛɛn kan

あなたがたはきょうだい同士、それとも恋人同士ですか？

พวก เขา สนิท กัน ดี 　　彼らは（お互い）とても仲がいい
phûːak khǎw sanìt kan dii 　　です。

> 語句

　　ทำบุญ　[tham bun]　布施をする
　　สนิท　[sanìt]　親しい、親密な

5　Aも（同様に）〜だ　Aก็[kɔ̂ɔ] 〜 เหมือนกัน[mǔːan kan]

ดิฉัน ก็ ชอบ เพลง ไทย เหมือน กัน 　　私も（同様に）タイの歌が好き
dichǎn kɔ̂ɔ chɔ̂ɔp phleeŋ thai mǔːan kan　　です。

เวียดนาม ก็ ร้อน มาก เหมือน กัน 　　ベトナムも（同様に）とても暑
wîːatnaam kɔ̂ɔ rɔ́ɔn mâak mǔːan kan　　いです。

> 語句

　　เพลง　[phleeŋ]　歌　(เพลงชาติ[phleeŋ châat] 国歌)
　* ร้อง เพลง　[rɔ́ɔŋ phleeŋ] 歌をうたう

✎ 練習 ●●●●●●●●●●●●●●●●●●●●●●●●●●●●●●●●●●●●

ก็[kɔ̂ɔ] を使い、タイ語に訳してください

① 私はベトナム語を教えています。彼も同様にベトナム語を教えています。

② 姉と私は市場へ一緒に衣類を買いに行きます。そこで薬も買います。

> 語句

　　衣類（着るもの）　เสื้อผ้า　[sûːa phâa]
　　薬　ยา　[yaa]

第9課　〜も　93

早朝の托鉢

◆ タンブン（布施）◆

　タンブンとは「布施」のことです。タイ人と付き合うにはこのタンブン（布施）がわかると付き合いやすくなります。布施を簡単に言えば「（現世や）来世の幸せのため**様々な欲や執着を放棄すること**」です。日本人は「布施＝お金⇨危険」と考えがちですが、もともとボロ衣（カーシャ＝僧侶の衣＝袈裟）を出家者に差し出すことが布施のはじまりでした（布を施すと書いています）。僧侶に喜捨するだけが布施ではありません。笑顔や見返りを求めない親切も布施です。道に倒れている動物を助けて育てるのも布施です。タンブン（布施）には何種類もの実践があり、タイでは子どもの頃から学校だけではなく家族や周囲の大人たちがタンブンの実践や意義を教えます。

　タンブン（布施）はサンスクリット語の「ダーナ」、日本語ではこれが音写され「旦那（だんな）」、タイ語では**ทาน**[thaan]になります。在家のタイ人は僧に**布施させていただく**のであり、逆に僧が**信者に功徳を積ませてあげている**のです。そのため在家者は感謝すべく手を合わせ、僧に合掌（**ไหว้**[wâi]）します。「功徳を積む」という訳が多いのですが、「功徳を積ませてもらう」が本来の意味です。早朝の托鉢（たくはつ＝**ทำบุญตักบาตร**[tham bun tàkbàat]）は「托鉢の布施」と言い、布施の一形態を表します。

第 10 課　強調と比較

1 程度の変化

ค่อยๆ [khôi khôi]　だんだん、少しずつ

อาการ ของ เขา ค่อยๆ ดี ขึ้น aakaan khɔ̆ɔŋ kháw khôi khôi dii khûn	彼の容態はだんだん良くなってきました。
ตอน เย็น อากาศ ค่อยๆ เย็น ลง tɔɔn yen aakàat khôi khôi yen loŋ	夕方はだんだん涼しくなってきます。
คุณ ยาย ค่อยๆ เดิน khun yaai khôi khôi dəən	おばあさんは少しずつ歩きます。

＊ **ค่อย ยังชั่ว** [khôi yaŋ chûːa]　次第に良い方向に向かう（慣用句）

語句

- **อาการ** [aakaan]　容態
- **ตอนเย็น** [tɔɔn yen]　夕方
- **อากาศ** [aakàat]　天候、空気
- **ลง** [loŋ]　（次の 2 を参照）
- **ยาย** [yaai]　祖母
- **เดิน** [dəən]　歩く

2 程度の強弱

形容詞に **ขึ้น** [khûn] が付くと程度が強くなり、**ลง** [loŋ] が付くと程度が弱くなります。

สวย ขึ้น sǔːai khûn	（より）美しくなる	**เร็ว ขึ้น** rew khûn	（より）速〈早〉くなる
น้อย ลง nɔ́ɔi loŋ	少なくなる	**ช้า ลง** cháa loŋ	遅くなる

(語句)

เร็ว [rew] 速い

* เร็วลง[rew loŋ] や ช้าขึ้น[cháa khûn] とは言いません。ดีขึ้น[dii khûn]（良くなる）の否定は ไม่ดีขึ้น[mâi dii khûn]（良くならない）と言います。

* 動詞に ขึ้น[khûn] が付くと、上へ向かう動作や「～し出す」を表し、ลง [loŋ] が付くと、下へ向かう動作を表します。これは第5課 3 と同じ文型です。

例：ลุกขึ้น[lúk khûn] 立ち上がる、ทำขึ้น[tham khûn] 作り出す、นั่งลง[nâŋ loŋ] 座る（腰をおろす）

ลุก[lúk] 立つ

3　目標の強調

動詞＋ ให้[hâi] ＋形容詞 で「努めて（形容詞）になるよう～（動詞）する」というニュアンスになります。

วิ่งให้เร็ว　　　　　　　　　　速く（なるように）走る。
wîŋ hâi rew

เขียนให้ถูก　　　　　　　　　正しく（なるように）書く。
khǐ:an hâi thùuk

ทำงานให้เรียบร้อย　　　　　きちんと（なるように）仕事をする。
tham ŋaan hâi rî:ap rɔ́ɔi

(語句)

วิ่ง [wîŋ] 走る
ถูก [thùuk] 正確な、正しい、安い
เรียบร้อย [rî:ap rɔ́ɔi] きちんとしている、秩序正しく

📝 **練習**

ค่อยๆ[khôi khôi] や **ให้**[hâi] を使って、タイ語に訳してください。

① 礼儀作法(行儀)が徐々に良くなってきました。
② この国の人口が徐々に減少してきました。
③ はっきりと話す。
④ 髪の毛を短く切る。

語句

礼儀作法　**มารยาท**　[maarayâat]
人口　**พลเมือง**　[phonlamɯːaŋ]
減少する　**น้อยลง**　[nɔ́ɔi loŋ]
はっきり（明確に）　**ชัด**[chát]
髪の毛　**ผม**　[phǒm]
切る　**ตัด**　[tàt]
短い　**สั้น**　[sân]

4　継続の強調

กำลัง[kamlaŋ] ＋形容詞 で今もその状態が継続中であることを強調する場合があります。

ตอนนี้ ทุเรียน กำลัง อร่อย
tɔɔn níi thúriːan kamlaŋ arɔ̀i
今、ドリアンが食べ頃です（おいしい最中）。

อากาศ ญี่ปุ่น กำลัง หนาว
aakàat yîipùn kamlaŋ nǎaw
日本は寒さが続いています。

เพลง นี้ กำลัง ดัง
phleeŋ níi kamlaŋ daŋ
この歌は今ヒット中です。

語句

ดัง　[daŋ]　流行っている(ヒットしている)

第10課　強調と比較

5　形容詞の良さを強調

形容詞＋**ดี**[dii] で形容詞の良さを強調します。

ไป ทาง ด่วน สะดวก ดี
pai thaaŋ dùːan sadùːak dii

高速道路で行くのは便利でいい（便利さがよい）。

รูปถ่าย นี้ สวย ดี
rûup thàai níi sǔːai dii

この写真はきれいです（きれいなのがよい）。

(語句)

ทาง ด่วน　[thaaŋ dùːan]　高速道路（**ทาง**[thaaŋ]道、**ด่วน**[dùːan]急ぎの）
รูปถ่าย　[rûup thàai]　写真

6　AはBのようだ

「AはBのようだ」は A＋形容詞 **เหมือน**[mǔːan] B と言います。

เธอ สวย เหมือน นาง สาวไทย
thəə sǔːai mǔːan naaŋ sǎaw thai

君はミス・タイランドのようにきれいだ。

หน้าร้อน ญี่ปุ่น ก็ ร้อน เหมือน เมือง ไทย
nâa rɔ́ɔn yîipùn kɔ̂ɔ rɔ́ɔn mǔːan mɯːaŋ thai

日本の夏もタイのように暑い。

少し文型を変え、A **กับ**[kàp] B＋形容詞 **เหมือน กัน**[mǔːan kan] とも言えます。

ภาษาไทยกับภาษาเขมรยาก เหมือน กัน
phaasǎa thai kàp phaasǎa khaměen yâak mǔːan kan

タイ語とカンボジア語は同様に難しい。

(語句)

เธอ　[thəə]　（親しい相手に対して）君
นางสาวไทย　[naaŋ sǎaw thai]ミス・タイランド　（**นาง**[naaŋ]女性、**สาว**[sǎaw]若い女性）

หน้าร้อน [nâa rɔ́ɔn]　夏 (**หน้า**[nâa] 季節、**ร้อน**[rɔ́ɔn] 暑い)

7　AはBより〜だ

「AはBより〜だ」は A ＋ 形容詞 ＋ **กว่า**[kwàa] ＋ B の順で並べます。

คุณ นิดา สูง กว่า คุณ ปัญญา
khun nídaa sǔuŋ kwàa khun panyaa

ニダーさんはパンヤーさんより背が高い。

ปีนี้ หนาว กว่า ปี ที่ แล้ว
pii níi nǎaw kwàa pii thîi lɛ́ɛw

今年は去年より寒い。

＊ **กว่า**[kwàa] 以下を省略することもできます。

นั่ง สามล้อ ไป แพง กว่า
nâŋ sǎamlɔ́ɔ pai phɛɛŋ kwàa

サムローに乗って行く方が（値段がより）高い。

【語句】

ปีที่แล้ว　[pii thîi lɛ́ɛw]　去年（第11課）
สามล้อ　[sǎamlɔ́ɔ]　サムロー（三輪タクシー：「トゥクトゥク」のこと）

＊ **ดีกว่า**[dii kwàa]「〜した方がよい」

ไม่ ใส่ ผักชี ดีกว่า
mâi sài phàk chii dii kwàa

パクチーを入れない方がいい。

รู้ ยังงี้ ไม่ มา ดีกว่า
rúu yaŋ ŋíi mâi maa dii kwàa

このようなことなら来ない方がよかった。
　　　　　　（直訳：このように知れば）

เอา ยังงี้ ดีกว่า
aw yaŋ ŋíi dii kwàa

このようにした方がいい。
（話を切り出すときに使う）

【語句】

ผักชี　[phàk chii]　パクチー（香菜）
รู้ยังงี้　[rúu yaŋ ŋíi] 〜 **ดีกว่า**[dii kwàa]　こんなことなら〜の方がよかった

ยังงี้ [yaŋ ŋíi]　このように(**อย่างนี้**[yàaŋ níi]の短縮形)

* その他に**อย่างไร**[yàaŋrai] ⇨ **ยังไง**[yaŋ ŋai]「どのように？」や
อย่างนั้น[yàaŋ nán] ⇨ **ยังงั้น**[yaŋ ŋán]「その(あの)ように」があります。これらの短縮形は実践会話において頻繁に使います。

8　Aはいちばん〜だ

「Aはいちばん〜だ」は A ＋ 形容詞 ＋ **ที่สุด**[thîi sùt] 。

คุณ นิดา สูง ที่สุด ใน บริษัท เรา
khun nídaa sǔuŋ thîi sùt nai bɔɔrisàt raw

ニダーさんは私たちの会社でいちばん背が高い。

ใน บรรดา ผลไม้ ดิฉัน ชอบ ลิ้นจี่ มาก ที่สุด
nai bandaa phǒnlamái dichǎn chɔ̂ɔp líncìi mâak thîi sùt

私は果物全体のなかでライチがいちばん好きです。

【語句】

บรรดา　[bandaa]　全体　　　**ลิ้นจี่**　[líncìi]　ライチ

トゥクトゥク（サムロー）

実践　会話 I（再会と出会い）

はじめてタイに遊びに来たミカは友人のヌイ（**นุ้ย**[núi] 女性）とバンコクを観光しています。そんなときヌイは旧友ペット（**เป็ด**[pèt] 男性）と偶然再会しました。ミカはタイ語がわかりません。ペットも日本語がわかりません。そこで日本語がわかるヌイが通訳することになりました。

นุ้ย　**อ้าวเป็ด ! สบายดีเหรอ**
núi:　âaw pèt sabaai dii rɤ̌ə
ヌイ：　あら、ペットじゃない、元気？

　　　ไม่ได้พบกันเสียนาน　　เป็นไงบ้าง
　　　mâi dâi phóp kan sǐːa naan　pen ŋai bâaŋ
　　　久しぶりね。（直訳：長い間会うことがなかった）どうしてたの？

เป็ด　**ผมสบายดี นุ้ยล่ะ**
pèt:　phǒm sabaai dii núi lâ
ペット：　僕は元気だよ、ヌイは？

นุ้ย　**สบายดีค่ะ**
núi:　sabaai dii khâ
ヌイ：　元気よ。

　　　นี่คุณมิกะ เป็นเพื่อนนุ้ยนะ
　　　nîi khun mika pen phɯ̂ːan núi ná
　　　こちらはミカさん、ヌイの友達。

　　　เขามาเมืองไทยเป็นครั้งแรก
　　　khǎw maa mɯːaŋ thai pen khráŋ rêɛk
　　　彼女はタイにはじめて来たの。

เป็ด　**ยินดีที่ได้รู้จักครับ คุณมิกะ**
pèt:　yin dii thîi dâi rúu càk khráp khun mika
ペット：　はじめまして、ミカさん。

ผมชื่อวิชัยครับ ชื่อเล่นผมชื่อเป็ดครับ
phǒm chɯ̂ɯ wichai khráp chɯ̂ɯ lên phǒm chɯ̂ɯ pèt khráp

私はウィチャイと言います、ニックネームはペット、

ทำงานอยู่บริษัทเอพีแอลแล้ว
tham ŋaan yùu bɔɔrisàt ee phii ɛɛn(APL)lɛ́ɛw

APL社で働いています、それから…

นุ้ย	**พอๆ เขาพูดไทยไม่ได้**	
núi:	phɔɔ phɔɔ khǎw phûut thai mâi dâi	
ヌイ：	もう、もう十分、彼女は**タイ語**がわからないのよ。	
	（直訳：タイ語が話せない）	

นุ้ยจะแปลให้
núi cà plɛɛ hâi

ヌイが通訳してあげる（から）。

เป็ด	**อ้าวจริงเหรอ เสียดายจัง ผมพูดญี่ปุ่นไม่ได้**	
pèt:	âaw ciŋ rɔ̌ə sǐːa daai caŋ phǒm phûut yîipùn mâi dâi	
ペット：	え、本当？ ショック！ 僕は日本語がだめなんだ。	
	（直訳：とても残念。私は日本語を話すことができません）	

นุ้ยกับมิกะกินข้าวหรือยัง　　ไปกินข้าวกันไหม
núi kàp mika kin khâaw rɯ̌ɯ yaŋ　　pai kin khâaw kan mǎi

ヌイとミカはもう食事した？　一緒に食事に行かない？

語句

อ้าว ［âaw］ （間投詞、驚いたときに発する）
พบ ［phóp］ 会う
นาน ［naan］ 長い（**เสีย**［sǐːa］（第29課参照））
เป็นไง ［pen ŋai］ どう（ですか）？（**เป็นอย่างไร**［pen yàaŋrai］の短縮形）
ครั้งแรก ［khráŋ rɛ̂ɛk］ はじめて
ชื่อเล่น ［chɯ̂ɯ lên］ ニックネーム（由来は会話VI参照）

แล้ว　［lɛ́ɛw］　それから（「既に〜し終わっている」（第16課）という意味で使いますが、ここでは「〜が終わってそれから…」）
พอ　［phɔɔ］　十分
พูด　［phûut］　話す
แปล　［plɛɛ］　訳す
ให้　［hâi］　してあげる
จริง　［ciŋ］　本当に
เสียดาย　［sǐːa daai］　惜しむ
จัง　［caŋ］　とても
หรือยัง　［rɯ̌ɯ yaŋ］　＝แล้วหรือยัง［lɛ́ɛw rɯ̌ɯ yaŋ］　「したかどうか？」の省略形（第16課）

　本文は親しいタイ人同士の会話です。そのため日本語訳はそれに見合った訳し方にしています。基礎表現（第1課〜第29課）で学ぶ表現も会話上の語気によっては直訳で表現しきれないニュアンスが出ます。そのため意訳該当箇所は太字にし、すぐ下のカッコ内に直訳を並記しました。
เรา［raw］が「私」なのか「私たち」なのか注意しましょう。
　なお、日本人「ミカ」の発音表記は［mika］にしました。また文末の**หรือ**［rɯ̌ɯ］は会話らしく**เหรอ**［rɤ̌ɤ］で表記しました（意味は同じです）。

Track 40

＊タイ語定型表現

ยินดีที่ได้รู้จัก　　　　　　　　　　　お会いできて嬉しい。
yin dii thîi dâi rúu càk

ด้วยความยินดี　　　　　　　　　　　喜んで。
dûːai khwaam yin dii

ขอแสดงความยินดีด้วย　　　　　　　おめでとうございます。
khɔ̌ɔ sadɛɛŋ khwaam yin dii dûːai

ขอแสดงความเสียใจ　　　　　　　　お悔やみ申し上げます（ご愁傷様）。
khɔ̌ɔ sadɛɛŋ khwaam sǐːa cai

実践　会話 I　103

ขอให้ [khɔ̌ɔ hâi]　祈願表現

ขอให้โชคดีนะคะ　　　　　　　　ご幸運を。
khɔ̌ɔ hâi chôok dii ná khá

ขอให้มีความสุข　　　　　　　　お幸せに。
khɔ̌ɔ hâi mii khwaam sùk

(語句)

ยินดี　[yin dii]　嬉しい
ที่　[thîi]　「〜が嬉しい」の「〜が」にあたる語（第27課）
ได้　[dâi]　得る
รู้จัก　[rúu càk]　知る
ด้วย　[dûːai]　伴って（一緒に）
แสดง　[sadɛɛŋ]　示す
ความยินดี　[khwaam yin dii]　喜び
เสียใจ　[sǐːa cai]　残念に思う
โชคดี　[chôok dii]　幸運である
ความสุข　[khwaam sùk]　幸福

バンコク市内のバス停

第11課　数と時間

1　数字

ゼロから10をタイ数字で示し、その読み方を記します。

0	๐	ศูนย์	[sŭun]				
1	๑	หนึ่ง	[nùŋ]	6	๖	หก	[hòk]
2	๒	สอง	[sɔ̆ɔŋ]	7	๗	เจ็ด	[cèt]
3	๓	สาม	[sǎam]	8	๘	แปด	[pɛ̀ɛt]
4	๔	สี่	[sìi]	9	๙	เก้า	[kâw]
5	๕	ห้า	[hâa]	10	๑๐	สิบ	[sìp]

次は11から20までです。

11	สิบเอ็ด	[sìp èt]	16	สิบหก	[sìp hòk]
12	สิบสอง	[sìp sɔ̆ɔŋ]	17	สิบเจ็ด	[sìp cèt]
13	สิบสาม	[sìp sǎam]	18	สิบแปด	[sìp pɛ̀ɛt]
14	สิบสี่	[sìp sìi]	19	สิบเก้า	[sìp kâw]
15	สิบห้า	[sìp hâa]	20	ยี่สิบ	[yîi sìp]

注意

11は **สิบหนึ่ง**[sìp nùŋ] とは言わず **สิบเอ็ด**[sìp èt] と言います。12から19までは、**สิบ**[sìp] に2から9をそのまま続けます。20は **สองสิบ**[sɔ̆ɔŋ sìp] ではなく **ยี่สิบ**[yîi sìp] です（このふたつだけが注意点）。まず0から20までをしっかりと覚えましょう。そのあと新たに覚える数字は百、千、万、十万、百万の5つです。

21～：注意点は21、31…91、101…1001など、1桁目の1はすべて **เอ็ด**[èt] です。

21	ยี่สิบ เอ็ด	[yîi sìp èt]	23	ยี่สิบ สาม	[yîi sìp sǎam]
22	ยี่สิบ สอง	[yîi sìp sɔ̆ɔŋ]	29	ยี่สิบ เก้า	[yîi sìp kâw]

30〜：3 **สาม**[săam] から 9 **เก้า**[kâw] に 10 **สิบ**[sìp] を続けます。100 台も同じです。

30	**สามสิบ**	[săam sìp]	100	**ร้อย** [rɔ́ɔi]	(**หนึ่ง**[nùŋ]は省略可)
31	**สามสิบเอ็ด**	[săam sìp èt]	101	**ร้อยเอ็ด**	[rɔ́ɔi èt]
40	**สี่สิบ**	[sìi sìp]	200	**สองร้อย**	[sɔ̌ɔŋ rɔ́ɔi]
50	**ห้าสิบ**	[hâa sìp]	543	**ห้าร้อยสี่สิบสาม**	
				[hâa rɔ́ɔi sìi sìp săam]	

千〜：百万（**หนึ่ง**[nùŋ] は省略可）。

1,000	**พัน**	[phan]	100,000	**แสน**	[sɛ̌ɛn]
10,000	**หมื่น**	[mɯ̀ɯn]	1,000,000	**ล้าน**	[láan]

練習 1

次の数字をタイ数字で書き、タイ語で書いてください。
① 7　② 39　③ 45　④ 171　⑤ 399　⑥ 1,221　⑦ 84,601

百万以降は **ล้าน**[láan] の前に、10 から 100 万を付けます。

1千万	**สิบ ล้าน**	[sìp láan]
1億	**ร้อย ล้าน**	[rɔ́ɔi láan]
10億	**พัน ล้าน**	[phan láan]
100億	**หมื่น ล้าน**	[mɯ̀ɯn láan]
1000億	**แสน ล้าน**	[sɛ̌ɛn láan]
1兆	**ล้าน ล้าน**	[láan láan]

2 順番

(Track 42)

ที่[thîi] ＋数字　で順番を表します。

ที่สาม [thîi săam] 　第3　　**ที่ยี่สิบ** [thîi yîi sìp] 　第20
เดือนที่สิบสอง [dɯːan thîi sìp sɔ̌ɔŋ] 　12カ月目

3 日、週、月、年

日 **วัน**[wan]、週 **อาทิตย์**[aathít]、月 **เดือน**[dɯːan]、年 **ปี**[pii] についてまとめましょう。

昨日	**เมื่อวานนี้**	[mɯ̂ːa waan níi]	先週	**อาทิตย์ที่แล้ว**	[aathít thîi lɛ́ɛw]
今日	**วันนี้**	[wan níi]	先週	**อาทิตย์ก่อน**	[aathít kɔ̀ɔn]
明日	**พรุ่งนี้**	[phrûŋ níi]	今週	**อาทิตย์นี้**	[aathít níi]
あさって	**มะรืนนี้**	[marɯɯn níi]	来週	**อาทิตย์หน้า**	[aathít nâa]
毎日	**ทุกวัน**	[thúk wan]	毎週	**ทุกอาทิตย์**	[thúk aathít]
今夜	**คืนนี้**	[khɯɯn níi]			
昨夜	**เมื่อคืนนี้**	[mɯ̂ːa khɯɯn níi]			

先月	**เดือนที่แล้ว**	[dɯːan thîi lɛ́ɛw]	去年	**ปีที่แล้ว**	[pii thîi lɛ́ɛw]
先月	**เดือนก่อน**	[dɯːan kɔ̀ɔn]	去年	**ปีก่อน**	[pii kɔ̀ɔn]
今月	**เดือนนี้**	[dɯːan níi]	今年	**ปีนี้**	[pii níi]
来月	**เดือนหน้า**	[dɯːan nâa]	来年	**ปีหน้า**	[pii nâa]
毎月	**ทุกเดือน**	[thúk dɯːan]	毎年	**ทุกปี**	[thúk pii]

＊週・月・年は同じパターンです。

(〜前) **ก่อน**[kɔ̀ɔn] を後に付けます

5日前	**ห้าวันก่อน**	[hâa wan kɔ̀ɔn]
7週間前	**เจ็ดอาทิตย์ก่อน**	[cèt aathít kɔ̀ɔn]
9カ月前	**เก้าเดือนก่อน**	[kâw dɯːan kɔ̀ɔn]
10年前	**สิบปีก่อน**	[sìp pii kɔ̀ɔn]

(〜後) **อีก**[ʔìk] を前に付けます

5日後	**อีกห้าวัน**	[ʔìk hâa wan]
7週間後	**อีกเจ็ดอาทิตย์**	[ʔìk cèt aathít]
9カ月後	**อีกเก้าเดือน**	[ʔìk kâw dɯːan]
10年後	**อีกสิบปี**	[ʔìk sìp pii]

4 時刻と時間

時刻は 数字＋**โมง**[mooŋ] で表します。「何時ですか？」と問う場合は **กี่โมง**[kìi mooŋ] です。

สามโมง   [sǎam mooŋ]   3時
สิบเอ็ดโมง   [sìp èt mooŋ]   11時
สามโมงห้าสิบนาที   [sǎam mooŋ hâa sìp naathii]   3時50分

昼の12時は **เที่ยง**[thîaŋ]、夜の12時は **เที่ยงคืน**[thîaŋ khɯɯn] を使ってください。

タイでは「朝の9時」「昼の3時」「夕方の5時」「夜の1時（7時）、夜の3時（9時）」のような表現があり、タイ人はこちらの表現をよく使います。最初は 数字＋**โมง**[mooŋ] で時刻を表現し、慣れてきたら、「朝の9時」などの表現を徐々に使ってください（補足参照）。

関連表現

3時半	**สามโมงครึ่ง**	[sǎam mooŋ khrɯ̂ŋ]
3時過ぎ	**สามโมงกว่า**	[sǎam mooŋ kwàa]
3時ちょうど	**สามโมงตรง**	[sǎam mooŋ troŋ]
3時頃	**สักสามโมง**	[sák sǎam mooŋ]

時間は 数字＋**ชั่วโมง**[chûa mooŋ] で表します。

「何時間ですか？」と問う場合は **กี่ชั่วโมง**[kìi chûa mooŋ] と言います。

5時間   **ห้าชั่วโมง**   [hâa chûa mooŋ]

9時間40分   **เก้าชั่วโมงสี่สิบนาที**   [kâw chûa mooŋ sìi sìp naathii]

（参考）**นาฬิกา**[naalíkaa] を使い、1時から24時までを表すことがあります（主にテレビやラジオの時報）。

เวลานี้๑๘นาฬิกา   (只)今18時です。
weelaa níi sìp pèet naalíkaa

【語句】

นาที [naathii] 分	กว่า [kwàa] ～過ぎ
ครึ่ง [khrûŋ] 半	สัก [sàk]（又は[sák]）だいたい、ほんの
ตรง [troŋ] ちょうど	
(วินาที [wínaathii] 秒)	เวลา [weelaa] 時間

練習 2

タイ語に訳してください。

① 2週間後バンコクへ行きます。

② 何時に帰宅しますか？ －5時過ぎです。

③ 何時間タイ語の勉強をしますか？ －毎日約2時間です。

【語句】

帰る　กลับ　[klàp]（กลับบ้าน[klàp bâan] 帰宅する）
約　　ประมาณ　[pramaan]

◆ タイのラッキーナンバーは 9 ◆

9 เก้า[kâw] は「発展する」(ก้าวหน้า[kâaw nâa]) の ก้าว[kâaw] に発音が近いというのが理由です。
会話ではどちらも短く [kâw] になります。

第 11 課　数と時間

5 時を尋ねる表現

いつ	เมื่อไร [mûːa rai]	
何曜日	วันอะไร [wan arai]	(「何の日」という意味もあります)
何日	วันที่เท่าไร [wan thîi thâw rai]	(วันไหน[wan nǎi] どの日)

เขามาญี่ปุ่นเมื่อไร
khǎw maa yîipùn mûːa rai

彼はいつ日本に来ましたか？

−มาเดือนที่แล้ว
maa dɯːan thîi lɛ́ɛw

先月来ました。

วันเข้าพรรษาปีนี้วันที่เท่าไร
wan khâw phansǎa pii níi wan thîi thâw rai

今年の入安居は何日ですか？

−วันที่๑๑กรกฎา
wanthîi sìp èt karákadaa

7月11日です。

วันนี้วันอะไร
wan níi wan arai

今日は何曜日(何の日)ですか？

−วันจันทร์
wan can

月曜日です。

−วันเลือกตั้ง
wan lɯ̂ːak tâŋ

選挙の(投票)日です。

語句

เข้าพรรษา [khâw phansǎa]　入安居（雨期入りの日）
กรกฎา [karákadaa]　7月
วันจันทร์ [wan can]　月曜日（月名、曜日名は補足を参照）
เลือกตั้ง [lɯ̂ːak tâŋ]　選挙する

* **เมื่อไร(จะ)** [mûːa rai (cà)] を文頭に置くと「いつになったら(〜するの)」と、「いつ」が強調されます。

เมื่อไรจะกลับมา　(いったい) いつになったら帰ってきますか？
mûːa rai cà klàp maa

◆ 入安居 ◆

เข้าพรรษา[khâw phansǎa]（入安居）は「雨期入りの日」を意味し、国民の休日になります。安居とは本来、遊行僧が雨期の間定住し共同生活をすることです。もともと古代インドの僧侶は、遊行生活が基本であり、定住期が終われば住まいを処分しました。時が経ち、定住生活をしている間に同じ考えを持つ僧侶ごとの定住地ができました。これが寺（タイ語のウィハーン）や宗派（ニカーイ）の始まりです。入安居や出安居（雨期あけ＝**ออกพรรษา**[ɔ̀ɔk phansǎa]）はそれぞれ満月の日に合わせるため、年によって日が違います。

* タイには駐車禁止などの標識に **วันคี่**[wan khîi]（奇数の日）、**วันคู่**[wan khûu]（偶数の日）という標示が付いていることがあります。その場合、27日に「奇数の日」と書かれた側の路上に駐車すると違反になります。
* タイでは投票日前日から投票終了まで、どのホテルやレストランも禁酒になります。
* 休日は **วันหยุด**[wan yùt]。

偶数日駐車禁止の標示

第12課　類別詞

1　物を数える場合

「本3冊」「バス5台」の「冊」や「台」に相当する物を数える言葉がタイ語にもあり、これらを類別詞と言います。並べ方は 名詞＋数量＋類別詞 の順になります。

หนังสือ	สาม	เล่ม	[nǎŋsɯ̌ɯ sǎam lêm]	本 3冊
本	3	冊		

รถเมล์	ห้า	คัน	[rótmee hâa khan]	バス 5台
バス	5	台		

【語句】

เล่ม　[lêm]　冊（類別詞）
คัน　[khan]　台（類別詞）

2　形容詞と類別詞

類別詞は数を数える以外に、形容詞が名詞を修飾する働きと関係があります。

並べ方は 名詞＋類別詞＋形容詞 の順です。

หมา	ตัว	เล็ก	[mǎa tuːa lék]	小さい犬
犬	匹	小さい		

บ้าน	หลัง	ใหญ่	[bâan lǎŋ yài]	大きい家
家	軒	大きい		

【語句】

ตัว　[tuːa]　匹、着（衣類）（類別詞）　　เล็ก　[lék]　小さい
หลัง　[lǎŋ]　軒（類別詞）

形容詞が名詞を修飾する場合、①「新しい車」、②「新車」のように2通りの言い方があります。②は漢字の熟語のようなニュアンスが出ます。①「美しい人」と②「美人」、①「低い木」と②「低木」などの違いと同じです（会話では①のニュアンスを表現する際に類別詞を省略することがあります）。

① รถ คัน ใหม่　新しい車
　 rót khan mài

② รถ ใหม่　　新車
　 rót mài

形容詞が付いた語句では ของ[khɔ̌ɔŋ]が省略できないので注意してください。

ปากกาใหม่ของคุณสุรพล　　スラポンさんの**新しいペン**
pàakkaa mài khɔ̌ɔŋ khun sùraphon

3　指示詞の場合

名詞＋類別詞＋指示詞　のように、名詞と指示詞の間に類別詞が入ると、特定の名詞を指す働きがあります。

หนังสือ　เล่ม　นี้　　［năŋsɯ̌ɯ lêm níi］　この本
　本　　　冊　　この

หมา　ตัว　นั้น　　　　［mǎa tuːa nán］　　その犬
　犬　　匹　　その

①は目の前の本を指して「まさにこの本」と他の本と区別するニュアンスがあります。②の場合「この種の本」のような意味です。会話では類別詞を省略して差し支えなさそうです。

① **หนังสือเล่มนี้**　（他の本ではなく）この本
　 nǎŋsɯ̌ɯ lêm níi

② **หนังสือนี้**　この(種の)本
　 nǎŋsɯ̌ɯ níi

* 本文以外の類別詞はまず**อัน**[an]（個）から覚えましょう。人、動物以外はとりあえずこの類別詞で代用できます。

次に食事のときによく使う類別詞です。これを覚えておくと会話に便利です。

แก้ว	[kɛ̂ɛw]	杯（飲み物を入れるグラスやコップ）
ขวด	[khù:at]	本（〈ビール〉ビン）
จาน	[caan]	皿
ชาม	[chaam]	杯（どんぶりやラーメンの器）
ถ้วย	[thû:ai]	杯（小さな椀、茶碗、カップ）

* 便利な**ที่**[thîi]

　ที่[thîi] という便利な単語を覚えておきましょう。レストランへ入り 3 **ที่**[sǎam thîi] と言えば「3人(分の席)」、4人前も 4 **ที่**[sìi thîi] です。映画館などでチケット 5 枚は 5 **ที่**[hâa thîi]、列車やバスのチケット 9 人分も 9 **ที่**[kâw thîi] で済みます。ひとりだけの場合は **ที่เดียว**[thîi di:aw]（**เดียว**[di:aw] ひとつだけ）と言います。

主な類別詞

กระป๋อง	[krapɔ̌ŋ]	（缶詰）
กล่อง	[klɔ̀ŋ]	小さな箱
ก้อน	[kɔ̂ɔn]	（石、石鹸、岩、角砂糖など塊状のもの）
ขบวน	[khabu:an]	（行列、列車）
ครั้ง	[khráŋ]	（回数、度数）
ฉบับ	[chabàp]	通、部、枚（新聞、手紙、書類）
ชิ้น	[chín]	（パン、肉、布、皮など「ひと切れ」「ふた切れ」と数えるもの）
ชุด	[chút]	（スーツ上下、家具などセットになったもの）
ซอง	[sɔɔŋ]	（封筒、タバコ（箱））
ด้าม	[dâam]	（ペン、万年筆、刀など尖ったもの）
แท่ง	[thêŋ]	（鉛筆、チョーク）
ใบ	[bai]	①枚（書類、はがき、切符）②（箱、かばん（入れもの））
ผืน	[phɯ̌ɯn]	枚（タオル、ハンカチ、シーツなど形の決まった布類）
แผ่น	[phɛ̀ɛn]	枚・片（板、ガラス、紙など平板なもの）
เม็ด	[mét]	（錠剤、種、ボタン、豆など粒状のもの）
ลูก	[lûuk]	（果物、丸いもの、山や海）
วง	[woŋ]	（輪、指輪、一団体（チームや合奏団））
สาย	[sǎai]	（道路、川、線（路線）など長いもの）
เส้น	[sên]	（髪の毛、糸、神経など細長いもの）

＊ 名詞そのものが類別詞になる場合があります。日本語の「台が3台必要だ」などという場合です。

第 13 課　過去や未来を表す表現

1　過去と未来

タイ語には時制に基づく動詞の変化はありません。過去のことを言いたければ「昨日、去年」など過去に関する語句を文中に挿入するだけで自然と過去の文になります。未来についても同じです。

เขาไปเมืองไทยปีที่แล้ว　　　　去年彼はタイに行きました。
khǎw pai mɯːaŋ thai pii thîi lɛ́ɛw

พรุ่งนี้เป็นวันเกิดของดิฉัน　　　明日は私の誕生日です。
phrûŋ níi pen wan kə̀ət khɔ̌ɔŋ dichǎn

2　過去の出来事によく使われる表現

ได้ [dâi] ＋動詞 で「～する機会を得た」という意味になります。

เดือนที่แล้วเขาได้ไปเมืองไทย　　先月彼はタイに行きました（行
dɯːan thîi lɛ́ɛw khǎw dâi pai mɯːaŋ thai　　く機会、チャンスがあった）。

ดิฉันไม่ได้ไปดูหนังเมื่อคืนนี้
dichǎn mâi dâi pai duu nǎŋ mɯ̂ːa khɯɯn níi

　　　　　　　　　　私は昨夜映画を見に行きませんでした（行きそびれた）。
注意　例えば ไม่ได้ไป [mâi dâi pai]（行く機会がなかった）は「行かなくなった」のように未来の表現にも使います。

語句

　　　　（ดู）หนัง　　［(duu) nǎŋ］　映画を（見る）

＊ ได้ [dâi] は「～を得る」という意味もあります。

เขาได้เงินเยอะ　　　　　彼はお金をたくさん得ました。
khǎw dâi ŋən yá　　　　（เยอะ　［yá］　たくさん、いっぱい）

ทำดีได้ดี　　　　　　　善因善果（良いことをすれば良い結果が得
tham dii dâi dii　　　　られる）

| เคย[khəəi]＋動詞 | で「～したことがある」「かつて～した」を表します。

เขาเคยกินอาหารไทย
kháw khəəi kin aahǎan thai

彼はタイ料理を食べたことがあります。

น้องสาวเคยเป็นพนักงานบริษัทนั้น
nɔ́ɔŋ sǎaw khəəi pen phanák ŋaan bɔɔrisàt nán

妹はその会社の従業員だったことがあります。

練習 1

過去を表す表現です。タイ語に訳してください。

① 今月、一緒に山へ行けませんでした（行く機会を逃した）。

② 彼は警察官になりました（なる機会を得た）。

③ コーンケンに行ったことがありますか？

語句

　山　　**ภูเขา**　[phuu khǎw]
　コーンケン　**ขอนแก่น**　[khɔ̌ɔn kèn]　（県名）

3　未来の出来事によく使われる表現

これまで何度か出てきた **จะ**[cà]をここでまとめておきましょう。
| จะ[cà]＋動詞 | は「～するつもり」「～する予定」のように不確定な事柄について述べる場合に使います。未来のこと（つまりこれから起こること）の表現はほとんど断定できないため **จะ**[cà]を使い断定的な言い方を避けます。そのため結果的に未来を表す表現によく使われるのです。過去に視点をおいた未来の表現にも使われます。

จะไปเมืองไทยปีหน้า
cà pai mɯːaŋ thai pii nâa

来年タイに行くつもりです。

第 13 課　過去や未来を表す表現

วันนี้ดิฉันจะไปซื้อของที่เยาวราช
wan níi dichǎn cà pai súɯ khɔ̌ɔŋ thîi yawwarâat

今日私は中華街へ買い物に行くつもり(予定)です。

(語句)

เยาวราช [yawwarâat] 中華街(「ヤワラート」は中華街の中心にある道路名ですが、タイ人は一般に中華街のことをヤワラートと呼びます)

* **จะ**[cà] は未確定な事柄を表すこともあります。未確定ということは、天気予報のように推量や推測を表します。否定の **ไม่** [mâi] は **จะ**[cà] のあとに付け、語順は จะไม่ [cà mâi] ＋動詞（形容詞）になります。

ฝนจะตก
fǒn cà tòk

雨が降りそうです。

คนนั้นจะมาพรุ่งนี้
khon nán cà maa phrûŋ níi

あの人は明日、来るでしょう。

รถไฟนี้จะไม่ทันเวลา
rót fai níi cà mâi than weelaa

この列車は時間に間に合わないでしょう。(**ทัน**[than] 間に合う)

4 したい、きっと、たぶん

จะ[cà] は未確定な事柄を表すため、**อยาก**[yàak]「したい」、**คง**[khoŋ]「きっと」、**อาจ**[àat]「たぶん」などの表現とよく一緒に使われます。否定は **ไม่อยาก(จะ)**[mâi yàak (cà)]、**คง(จะ)ไม่**[khoŋ (cà) mâi]、**อาจ(จะ)ไม่** [àat (cà) mâi] となります。

ดิฉันอยากจะไปญี่ปุ่น
dichǎn yàak cà pai yîipùn

私は日本に行きたい。

เขาคงจะไปญี่ปุ่น
khǎw khoŋ cà pai yîipùn

彼はきっと日本に行くでしょう。

เขาอาจจะไปญี่ปุ่นอีก　　　　　彼はたぶんまた日本に行くでしょう。
khǎw àat cà pai yîipùn ìik

เขาจะไปญี่ปุ่นหรือเปล่า – อาจจะนะ
khǎw cà pai yîipùn rǔɯ plàw　àat cà ná

　　　　　　　　　　彼は日本に行くつもりですか？ －たぶんね。

語句

อีก　[ìik]　また（再び）〜する
นะ　[ná]　ね（文末に付き、表現をやわらかくする）

練習2

จะ [cà] を伴った関連表現を使い、タイ語に訳してください

① 私はバンコクで働きたくないです（働くつもりはありません）。

② 彼女はたぶんタイ人と結婚するでしょう。

③ あなたはきっとタイを好きになるでしょう。

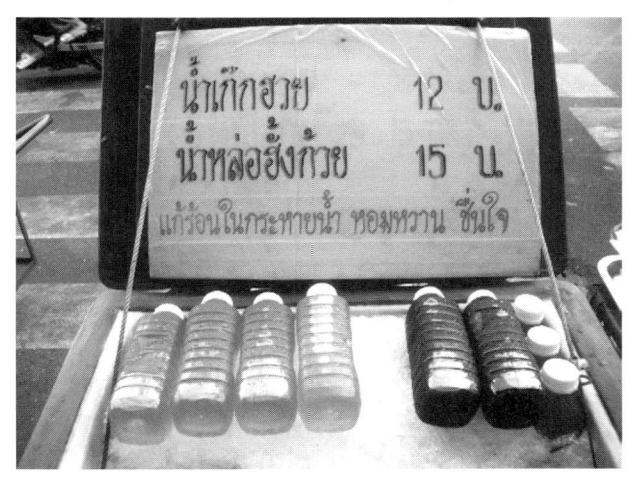

熱中症予防のジュース

第13課　過去や未来を表す表現

◆ **マイペンライ** ◆

　タイ人の好む表現のひとつに**ไม่เป็นไร**[mâi pen rai]（マイペンライ（大丈夫、構いません））があります。あまり細かなことにこだわらないおおらかな表現と言えるでしょう。反面、日本での社会経験をもとにこのマイペンライを解釈すると「いい加減！」と感じるかもしれません（どちらが正しいという問題ではありません）。ただこのマイペンライを心の底から言えるようになれば、タイ語を流暢に話す以上に、タイ人らしくなれると思います。

ไปคนเดียวได้ไหม – ไม่เป็นไร
pai khon di:aw dâi măi　　mâi pen rai

ひとりで行けますか？
－（なんとか）大丈夫でしょう。

（**เดียว**　[di:aw]　ひとり）

ฝนจะตกนะ – ไม่เป็นไร
fŏn cà tòk ná　　mâi pen rai

雨が降りそうですね。
－（降っても）平気です。

เบียร์ไทยมีไหม – ไม่มีค่ะ– ไม่เป็นไร
bi:a thai mii măi　　mâi mii khâ mâi pen rai

　　　　タイのビールがありますか？－ありません。－いいですよ。

◆ **善因善果 ทำดีได้ดี** [tham dii dâi dii] ◆

　タイ人は輪廻転生を信じています。現世の境遇は前世の**ทำบุญ**[tham bun]（タンブン＝布施）によって決まるという考えです。第9課で述べたタンブンがタイ人にとって重要な理由のひとつとして来世観が考えられます。現状の身分や地位を苦労して変えるより、現世でよいことをすれば、来世でよい結果（サバーイ＝楽な状態になること）が得られるという意味で、タムディ・ダイディ（善因善果）を重視します。地位の高い人や人徳のある人は、前世でタンブンを多く実践した人と見なされ、尊敬されます。

実践　会話 II（食事）

再会したペットとヌイはミカを連れて食事にでかけました。

นุ้ย　ร้านนี้ดีไหม
núi:　ráan níi dii mǎi

ヌイ：　この店でいい？

เป็ด　ก็ดีนะ
pèt:　kɔ̂ dii ná

ペット：　うん、いいね。

น้อง! ราดข้าว 2 อย่างนี้นะ
nɔ́ɔŋ râat khâaw sɔ̌ɔŋ yàaŋ níi ná

すみません！　このふたつをご飯に盛ってください。

นุ้ย　วันนี้มิกะมาด้วย สั่งกับข้าวเป็นจานๆ ดีกว่านะ
núi:　wan níi mika maa dûːai sàŋ kàp khâaw pen caan caan dii kwàa ná

ヌイ：　今日はミカも来てるから、おかずは別々に注文した方がいいわ。

กุ้งทอดกระเทียม ยำวุ้นเส้น แล้วก็ยำเนื้อ
kûŋ thɔ̂ɔt krathîːam yam wún sên lɛ́ɛw kɔ̂ yam nɯ́ːa

えびのにんにく揚げとヤムウンセン、それからヤムヌアをください。

เป็ด　มิกะอยู่ด้วย สั่งไม่ค่อยเผ็ดดีกว่ามั้ง
pèt:　mika yùu dûːai sàŋ mâi khɔ̂i phèt dii kwàa máŋ

ペット：　ミカも一緒だから、(注文は) あまり辛くないほうがいいんじゃないの。

นุ้ย　เออ ลืมไป งั้นไม่เอายำเนื้อ
núi:　ʔəə lɯɯm pai ŋán mâi aw yam nɯ́ːa

ヌイ：　ああ（そうね）、忘れていたわ、それじゃ、ヤムヌアはいりません。

เอาไข่เจียวหมูสับ แกงจืดวุ้นเส้นเต้าหู้
aw khài ciːaw mǔu sàp kɛɛŋ cʉ̀ɯt wúnsên tâw hûu

カイチーアォムーサップ（豚ひき肉入り卵焼き）と春雨と豆腐入りの薄味のスープ、

แล้วก็ข้าวเปล่า 3 จาน
lɛ́ɛw kɔ̂ khâaw plàw sǎam caan

それからライスを3つください。

เป็ด	น้ำอะไรดี
pèt:	nám arai dii

ペット：飲み物は何がいい？

นุ้ย	โค้กก็แล้วกันนะ โค้ก 2 ขวด
núi:	khóok kɔ̂ lɛ́ɛw kan ná khóok sɔ̌ɔŋ khùːat

ヌイ：コーラにしましょう、（すみません）コーラ2本、

น้ำแข็ง 3 แก้ว แค่นี้ก่อน
nám khɛ̌ŋ sǎam kɛ̂ɛw khɛ̂ɛ níi kɔ̀ɔn

氷入りコップを3つ、とりあえずこれだけ。

เป็ด	มิกะไม่ค่อยกินเลย ไม่สบายหรือเปล่า
pèt:	mika mâi khɔ̂i kin ləəi mâi sabaai rʉ̌ɯ plàw

ペット：ミカはあまり食べないね、具合が悪いのでは？

นุ้ย	ช่างสังเกตจังนะ มิกะไม่เป็นอะไรมากหรอก
núi:	châŋ sǎŋkèet caŋ ná mika mâi pen arai mâak rɔ̀ɔk

ヌイ：（ミカのことになると）よく気がつくわね、ペット、そんなに心配いらないわよ。

เขาไปเที่ยวหลายแห่งก็เลยเหนื่อย มั้ง
khǎw pai thîːaw lǎai hɛ̀ŋ kɔ̂ ləəi nʉ̀ːai máŋ

彼女はいろいろなところを観光したから疲れているのよ。

เป็ด	ช่วยถามหน่อยซิ
pèt:	chûːai thǎam nɔ̀i sí

ペット：ちょっと聞いてみてよ…

語句

น้อง ［nɔ́ɔŋ］ （本来の意味は「弟、妹」。ここでは店員を呼ぶ言い方。日本語の「すみません」に相当します。店員が年上の場合「兄、姉」を示す **พี่**［phîi］ を使います）

ราด ［râat］ かける

อย่าง ［yàaŋ］ 種類（**2 อย่าง**［sɔ̌ɔŋ yàaŋ］ 2種類）

สั่ง ［sàŋ］ 注文する、命令する

กับข้าว ［kàp khâaw］ おかず

จาน ［caan］ 皿（単語を繰り返すことによって「いく皿か」という複数のニュアンスが出ます）。そのため本文では「おかずを別々（の皿）に注文する」と訳しました。

ดีกว่า ［dii kwàa］ （ここでは）〜しましょう（決断を促す際にも使います）

กระเทียม ［krathi:am］ ニンニク

แล้วก็ ［lɛ́ɛw kɔ̂ɔ］ それから

ยำวุ้นเส้น ［yam wún sên］ ヤムウンセン（春雨サラダ）

ยำเนื้อ ［yam nɯ́:a］ ヤムヌア（辛い肉入りサラダ）

มั้ง ［máŋ］ じゃない（推量：話し言葉）

เออ ［əə］ ああ（同意）

ไข่เจียว ［khài ci:aw］ 卵焼き

สับ ［sàp］ 細かく刻む

แกงจืด ［kɛɛŋ cɯ̀ɯt］ 薄味スープ

เต้าหู้ ［tâw hûu］ 豆腐

ข้าวเปล่า ［khâaw plàw］ ライス（**เปล่า**［plàw］ 何もない）

โค้ก ［khóok］ コーラ

ก็แล้วกัน ［kɔ̂ɔ lɛ́ɛw kan］ 〜にしましょう（物事をやや一方的に決めつける場合や、選択を促すときに使う表現）

ขวด ［khù:at］ 本(類別詞)

น้ำแข็ง ［nám khɛ̌ŋ］ 氷（氷入りのコップを要求している）

แค่ ［khɛ̂ɛ］ だけ（**แค่นี้ก่อน**［khɛ̂ɛ níi kɔ̀ɔn］ とりあえずこれだけ（あとでまた注文するかもしれない場合））

ช่าง ［châŋ］ 職人（プロ）、技術者

実践　会話Ⅱ

สังเกต [sǎŋkèet]　観察する、注目する、気付く
　　＊ **ช่างสังเกต** [châŋ sǎŋkèet]　「(ミカの行動を) 観察することにかけてはプロ」というヌイの台詞でペットがミカを好きになった (恋をした) ことが想像できます。
ไม่เป็นอะไร [mâi pen arai]　なんでもない
หลายแห่ง [lǎai hèŋ]　多くの場所
主語 + **ก็เลย** [kɔ̂ɔ ləəi]　だから
ถาม [thǎam]　質問する
ช่วย [chûːai] ~ **หน่อย** [nɔ̀i]　してください (依頼)

総菜を売るお店

◆ 一般食堂での注文 ◆

　タイの一般食堂での注文表現には数パターンありますが、代表例がこの課の会話で出てきたものです。既にできあがったおかず用のトレーから２品くらいをご飯に盛る方法（ペットが最初に注文しようとした方法）、複数人の場合、おかずを１皿ごとに盛り、数種類のおかずとご飯を別にして皆で取り分けて食べる方法（ヌイの注文）があります。おかずがない場合、調理方法を調理人に指示します。そのため **ปิ้ง**[pîŋ]（焼く）、**ผัด**[phàt]（炒める）、**ทอด**[thɔ̂ɔt]（揚げる）などの調理用語や好みの具材は覚えておくと便利です。

เอาอีกไหม
aw ìik mǎi

まだいりますか？

－แค่นี้ก็พอ
khɛ̂ɛ níi kɔ̂ɔ phɔɔ

これだけで十分です。

－พอแล้วครับ ขอบคุณ
phɔɔ lɛ́ɛw khráp khɔ̀ɔp khun

もう十分です、ありがとう。
(**ขอบคุณ**[khɔ̀ɔp khun]を使うと丁寧)。

เก็บได้
kèp dâi

片付けていいです。

　＊ **หิวข้าว**[hǐw khâaw] おなかがすく
　　 หิวน้ำ[hǐw nám] のどがかわく

第14課 できる

1 可能、許可

動詞＋ได้[dâi] で「〜ができる」という「可能・許可」を表します。

เขาพูดภาษาไทยได้เก่ง
kháw phûut phaasǎa thai dâi kèŋ

彼はタイ語を上手に話すことができます。

ใช้ได้ไหม
chái dâi mǎi

使うことができますか（使いものになりますか）？
（記入するときなど）これでいいですか？

－ใช้ได้
chái dâi

使えます（それで結構です）。

ถ่ายรูปที่นี่ได้ใช่ไหม
thàai rûup thîi nîi dâi châi mǎi

ここで写真を撮ってもいいでしょう？

語句

ถ่ายรูป [thàai rûup]　写真を撮る　(**รูปถ่าย**[rûup thàai]写真)

練習

ได้[dâi] を使って、タイ語に訳してください

① ここで水泳ができますか？

② 切符はどこで買えますか？　－どこででも買えます。

語句

水泳をする　**ว่ายน้ำ** [wâai nám]　　切符　**ตั๋ว** [tǔːa]

2　(何)でもいい

文末に**ก็ได้**[kɔ̂ɔ dâi]（または短く [kɔ̂ dâi]）を使うと、「～でもいい」という意味になります。

อาหารเผ็ดก็ได้　　　　　　　　　辛い料理でもいい。
aahǎan phèt kɔ̂(ɔ) dâi

เอาไว้ทีหลังก็ได้ใช่ไหม　　　　　　あとにしてもいいでしょう？
aw wái thii lǎŋ kɔ̂(ɔ) dâi châi mǎi

語句

เอาไว้　[aw wái]　（保留）しておく
ทีหลัง　[thii lǎŋ]　あとで

＊「いつがいいですか？」「いつでもいいです」のようなやりとりは会話でよく使います。

จะไปเมื่อไรดี　**- เมื่อไรก็ได้**　　いつ行けばいいですか？
cà pai mûːa rai dii　　mûːa rai kɔ̂(ɔ) dâi　　－いつでもいいです。

เจอกันที่ไหนดี　**- ที่ไหนก็ได้**　　どこで会うのがいいですか？
cəə kan thîi nǎi dii　　thîi nǎi kɔ̂(ɔ) dâi　　－どこでもいいです。
　　　　　　　　　　　　　　　　　（**เจอ**[cəə] 会う（=**พบ**[phóp]））

จะรับอะไรดี　**- อะไรก็ได้**　　　　何になさいますか？－何でも
cà ráp arai dii　　arai kɔ̂(ɔ) dâi　　いいです。（注文を聞く場合）
　　　　　　　　　　　　　　　　　（**รับ**[ráp] 受ける）

3　その他の可能表現

かつてあることを経験し、そのやり方がわかっているので「できる」という場合、**เป็น**[pen] を使います。

เขาเล่นกีต้าร์เป็นไหม　　　　　　彼はギターを弾けますか？
khǎw lên kiitâa pen mǎi

第14課　できる　127

― เป็นนิดหน่อย　　　　　　　　少し弾けます。
　pen nít nɔ̀i

耐えることが「できる」という場合、ไหว[wǎi]を使います（精神的・肉体的どちらでも使えます）。

คุณว่ายน้ำถึงฝั่งนั้นไหวไหม　　あなたはあちら岸（向こう岸）まで
khun wâai nám thŭŋ fàŋ nán wǎi mǎi　泳げますか？

― ไม่ไหวหรอก　　　　　　　　（そんなこと）できませんよ。
　mâi wǎi rɔ̀ɔk

ออก[ɔ̀ɔk]は「読む」「書く」「聞く」等の動詞に続け、可能を表します。

คุณอ่านอันนี้ออกไหม　　　　　あなたはこれが読めますか？
khun àan an níi ɔ̀ɔk mǎi

― พออ่านออก　　　　　　　　だいたい読めます。
　phɔɔ àan ɔ̀ɔk

【語句】

เล่น [lên]　遊ぶ、（楽器を）演奏する
กีต้าร์ [kiitâa]　ギター
ฝั่ง [fàŋ]　岸

ムエタイ（タイ式キックボクシング）

可能の考え方

タイ語では起こった出来事を前から順番に並べます。そのため後ろの動詞が前の動詞の結果を表すこともあります。例えば **ฟังได้ยิน**[faŋ dâi yin] は「聞いた(聞こうとした)結果、聞こえた」という意味になり、動詞の意味によっては可能を表すことになります。

สามารถ[sǎamâat] 能力がある

動詞の前に **สามารถ** [sǎamâat] を付けると「~する能力や技能がある」というニュアンスが出ます。文末に **ได้**[dâi] を付け「能力・技能的に可能」という表現にして使うことがあります。

บริษัทเราสามารถก่อสร้างตึกใหญ่ได้ทันที
bɔɔrisàt raw sǎamâat kɔ̀ɔ sâaŋ tùk yài dâi thanthii

私たちの会社は、大きなビルをすぐに建設することが(技術的に)可能です。

คุณสามารถสอนวิทยาศาสตร์ได้ไหม
khun sǎamâat sɔ̌ɔn wítthayaasàat dâi mǎi

あなたは理科(理学)を教えることが(能力的に)可能ですか?

— (สามารถ)สอนได้　　　　可能です。
　(sǎamâat) sɔ̌ɔn dâi

— ไม่สามารถ สอนได้　　　できません (不可能です)。
　mâi sǎamâat sɔ̌ɔn dâi

＊ สามารถ สอนไม่ได้[sǎamâat sɔ̌ɔn mâi dâi] は誤りです。

語句

ก่อสร้าง　[kɔ̀ɔ sâaŋ]　建設する
ตึก　[tùk]　建物、ビル
ทันที　[thanthii]　すぐに
วิทยาศาสตร์　[wítthayaa sàat]　理科

否定を表す ไม่[mâi] の位置

① 「(動詞1)しないで(動詞2)する」

ไม่[mâi] ＋動詞1＋動詞2 で、ไม่[mâi] は動詞1だけを否定します。

คุณลุงใช้คอมพิวเตอร์ทำงาน   おじさんはコンピューター
khun luŋ chái khɔɔmphiwtəə tham ŋaan   を使って仕事をします。

(**คอมพิวเตอร์** [khɔɔmphiwtəə] コンピューター)

否定：**คุณลุงไม่ใช้คอมพิวเตอร์ทำงาน**
khun luŋ mâi chái khɔɔmphiwtəə tham ŋaan
　　　　　　　おじさんはコンピューターを使わずに仕事をします。

② 第5課でみた「してくる」「してみる」などの否定

「～してくる」の否定「～してこない」の語順は ไม่[mâi] ＋動詞1＋動詞2 となります。

เขาส่งเงินมา   彼はお金を送ってきました。
khǎw sòŋ ŋən maa

否定：**เขาไม่ส่งเงินมา**   彼はお金を送ってきません。
khǎw mâi sòŋ ŋən maa

③ 「(動詞1)の結果、(動詞2)になる」

動詞2の前に ไม่[mâi] を置くと、「(動詞1)したら(動詞2)しなかった」という意味になります。

เขาอ่านหนังสือนี้เข้าใจ   彼はこの本を読んで理解で
khǎw àan nǎŋsɯɯ níi khâw cai   きる。

否定：**เขาอ่านหนังสือนี้ไม่เข้าใจ**   彼はこの本を読んでも理解
khǎw àan nǎŋsɯɯ níi mâi khâw cai   できない。

第15課　しなければならない

1　しなければならない

ต้อง[tɔ̂ŋ]に動詞を続けると「(動詞)しなければならない」という意味になります。

พวกเราต้องกลับบ้านเร็วๆ
phûːak raw tɔ̂ŋ klàp bâan rew rew

私たちは早く家に帰らなければならない。

ดิฉันจะต้องเขียนให้เสร็จในวันนี้
dichǎn cà tɔ̂ŋ khǐːan hâi sèt nai wan níi

私は今日中に書き終わらせなければばなりません。

【語句】

　เร็ว　[rew]　はやく(「早く」「速く」の両方の意味があります。繰り返し表現は強調)
　เสร็จ　[sèt]　終わる
　ให้เสร็จ　[hâi sèt]　終わらせる

2　する必要がない

ไม่ต้อง[mâi tɔ̂ŋ]を用いると「する必要がない」という意味になります(文末に ก็ได้[kɔ̂ː dâi]を付け、「~する必要がなく、それでも構わない」という言い方もできます)。

ไม่ต้องเป็นห่วง
mâi tɔ̂ŋ pen hùːaŋ

心配しないで(ください)。

ไม่ต้องเกรงใจก็ได้
mâi tɔ̂ŋ kreŋ cai kɔ̂ː dâi

遠慮する必要はないです。

【語句】

　เป็นห่วง　[pen hùːaŋ]　心配な
　เกรงใจ　[kreŋ cai]　遠慮する

3 必要, 欲しい

「(名詞) が必要」には **ต้องการ**[tôŋ kaan] や **อยากได้**[yàak dâi] のあとに名詞を続けます。

ต้องการโทรศัพท์แบบใหม่ๆ 　　新しいタイプの電話が必要だ。
tôŋ kaan thoorasàp bὲεp mài mài

ไม่อยากได้โทรทัศน์มือสอง 　　中古のテレビは欲しくない。
mâi yàak dâi thoorathát mɯɯ sɔ̌ɔŋ

〈語句〉

โทรศัพท์ [thoorasàp] 電話　　**แบบ** [bὲεp] 型
โทรทัศน์ [thoorathát] テレビ (**ทีวี**[thii wii] (TV) とも言います)
มือสอง [mɯɯ sɔ̌ɔŋ] 中古 (**มือ**[mɯɯ] 手、**สอง**[sɔ̌ɔŋ] 2)

＊ **อยากได้**[yàak dâi] は **ต้องการ**[tôŋ kaan] と異なり、「(できれば) 欲しい」程度のニュアンスになります。

4 するべき (1)

ควร(จะ)[khuːan (cà)] で「するべき」を表します。

พวกเราควรจะแก้ปัญหานี้ 　　私たちはこの問題を解決するべきだ。
phûːak raw khuːan cà kɛ̂ɛ panhǎa níi

ลูกควรนับถือพ่อแม่ 　　子どもは両親を尊敬するべきだ。
lûuk khuːan náp thɯ̌ɯ phɔ̂ɔ mɛ̂ɛ

〈語句〉

แก้ [kɛ̂ɛ] 解く、修理する、改善する、治す
ปัญหา [panhǎa] 問題
ลูก [lûuk] 子ども (**ลูก** は親に対する「子」の意味で、一般の子どもは **เด็ก**[dèk]と言います)
นับถือ [náp thɯ̌ɯ] 尊敬する

練習1

ต้อง[tɔ̂ŋ]、**ควร**[khuːan] などを使い、タイ語に訳してください。

① 私たちは毎日窓を開けなければなりません。

② ドアを閉める必要はありません。

③ この村には学校が必要です。

④ あなたはまず医者に相談すべきです。

語句

窓	**หน้าต่าง**	[nâa tàaŋ]	開ける	**เปิด**	[pə̀ət]
ドア	**ประตู**	[pratuu]	閉める	**ปิด**	[pìt]
村	**หมู่บ้าน**	[mùu bâan]	相談する	**ปรึกษา**	[prɯ̀ksǎa]

5 するべき (2)

น่า(จะ)[nâa(cà)] + 動詞 も「するべき」を表します。文によっては「はずだ」とも訳せます。

เขาน่าจะตอบคำถามนั้น　　　　彼はその質問に答えるべきだ。
khǎw nâa cà tɔ̀ɔp kham thǎam nán

รถเมล์ยังไม่มาหรือ　　　　　　バスはまだ来ないのですか？
rótmee yaŋ mâi maa rɯ̌ɯ

―น่าจะมา　　　　　　　　　来るはずです。
　nâa cà maa

＊**น่าจะมา** [nâa cà maa] は、例えば「昨日半額セールがあった」に対し、「来ればよかった」と返答する場合にも使います。

語句

ตอบ [tɔ̀ɔp]　答える、返答する
คำ [kham]　語、言葉

＊ **น่า**[nâa] + 動詞・形容詞 で「する価値がある、に見える（思え

第15課　しなければならない　133

る)」を表します。

น่า[nâa] + อ่าน[àan] 読む ⇨ น่าอ่าน[nâa àan] 読む価値がある。

น่า[nâa] + รัก[rák] 愛する ⇨ น่ารัก[nâa rák] かわいい

練習2

①から⑤の単語に น่า[nâa] が付くと、どのような意味になるでしょうか。

① สงสาร [sǒŋsǎan] 哀れむ
② เสียดาย [sǐːa daai] 惜しむ、残念に思う
③ อร่อย [arɔ̀i] おいしい
④ เชื่อ [chɯ̂ːa] 信じる
⑤ ฟัง [faŋ] 聞く

「ようだ、ように見える」(網かけ部分が「ように見える」を表わす)。

คนนั้นดูเหมือนไม่มา
khon nán duu mǔːan mâi maa
あの人は来ないようだ。

ธุรกิจนี้ดูท่าจะไปได้สวย
thúrakìt níi duu thâa cà pai dâi sǔːai
このビジネスはうまくいきそうに見える。

เรื่องนี้เห็นท่าจะยาก
rɯ̂ːaŋ níi hěn thâa cà yâak
この話は難しそうに見える(思える)。

語句

สวย [sǔːai] (ここでは)鮮やかに、首尾よく
เรื่อง [rɯ̂ːaŋ] 話、件

傾向や一般性

มัก(จะ)[mák (cà)] は「しがち(傾向)」、**ย่อม(จะ)**[yɔ̂ɔm (cà)] は「当然（一般性）」を表します。

คุณครูคนนั้นมักจะโกรธง่าย あの先生は怒りやすい。
khun khruu khon nán mák cà kròot ŋâai

คนญี่ปุ่นมักเข้าใจผิด 日本人は誤解しがちだ。
khon yîipùn mák khâw cai phìt

แม่ย่อมรักลูก 母が子どもを愛するのは当然だ。
mɛ̂ɛ yɔ̂ɔm rák lûuk

語句

โกรธ [kròot] 怒る
ง่าย [ŋâai] 簡単な
ผิด [phìt] 間違った

＊ 動詞 ＋ **ง่าย**[ŋâai] しやすい
  例：**อ่านง่าย**[àan ŋâai] 読みやすい
　　　ผิดง่าย[phìt ŋâai] 間違えやすい

＊ 動詞 ＋ **ผิด**[phìt] し間違う
  例：**อ่านผิด**[àan phìt] 読み間違う
　　　เขียนผิด[khǐːan phìt] 書き間違う

第16課　既に〜し終わっている（完了）

1 し終わった

文末に **แล้ว**[lɛ́ɛw]を付けると、動作や状態が既に終了していることを表します。

เขาจบมหาวิทยาลัยแล้ว　　　　　　彼は（既に）大学を卒業しました。
kháw còp mahǎawítthayaalai lɛ́ɛw

ดิฉันอยู่เมืองไทยมา4 ปีแล้ว　　　　私はタイに４年間います。
dichǎn yùu mɯːaŋ thai maa sìi pii lɛ́ɛw

(語句)

จบ　[còp]　終わる、卒業する

2 し終わったかどうか

文末に **แล้วหรือยัง**[lɛ́ɛw rɯ̌ɯ yaŋ]を置くと、「したかどうか（既に終わったかどうか）」を表します。返事は〜**แล้ว**[lɛ́ɛw]（もう〜し終わった）や**ยังไม่**[yaŋ mâi]（まだ〜していない）等を使って答えます。

คุณกินข้าวมาแล้วหรือยัง　　　　あなたはもう食事をしてきましたか？
khun kin khâaw maa lɛ́ɛw rɯ̌ɯ yaŋ

−**กินมาแล้ว**　　　　　　　　　　食事をしてきました。
　kin maa lɛ́ɛw

−**ยังไม่กิน**　　　　　　　　　　　まだ食べていません。
　yaŋ mâi kin

คุณทำงานเสร็จแล้วหรือยัง　　　　もう仕事は終わりましたか？
khun tham ŋaan sèt lɛ́ɛw rɯ̌ɯ yaŋ

−เสร็จแล้ว　　　　　　　　　　終わりました。
　sèt lέεw

−ยังไม่เสร็จ　　　　　　　　　　まだ終わっていません。
　yaŋ mâi sèt

　　＊ **ยัง**[yaŋ]（まだ）だけで答えることもできます。

語句

　　เสร็จ　[sèt]　終わる

　　＊ **จบ**[còp] は一連の計画や予定が終了した場合に用います。**เสร็จ** [sèt] も終了を意味しますが、「完成した、うまくいった」というニュアンスを伴います。

練習1

แล้ว[lέεw] を使い、タイ語に訳してください。

① 中国語を勉強して2年になります。
② もう宿題をし終えましたか？　―し終えました。／まだ終わっていません。
③ もう結婚しましたか？　―しました。／まだ独身です。
④ もう掃除をし終えましたか？　―し終えました。／まだ終っていません。

語句

　　宿題　**การบ้าน**　[kaan bâan]
　　結婚する　**แต่งงาน**　[tèŋ ŋaan]
　　独身である　**เป็นโสด**　[pen sòot]
　　掃除をする　**ทำความสะอาด**　[tham khwaam sa àat]
　　　（**สะอาด**[sa àat] 清潔な）

第16課　既に～し終わっている（完了）　137

3 もう～しないのですか？

「もう～しないのですか？」は **ไม่**[mâi] ～ **แล้วหรือ**[lέεw rǔɯ] で表します。

เขาจะไม่มาเมืองไทยอีกแล้วหรือ　　彼はもうタイに来ないのですか？
khăw cà mâi maa mɯːaŋ thai ìik lέεw rǔɯ

　－ค่ะ ไม่มาอีกแล้ว　　　　　　はい、もう来ません。
　　khâ　mâi maa ìik lέεw

　－ไม่ค่ะ ยังจะมาอีก　　　　　　いいえ、また来るでしょう。
　　mâi khâ yaŋ cà maa ìik

4 既に～してしまった

แล้ว[lέεw] には「もう既に～してしまった（～という状態になってしまった）」というニュアンスがあります。

เอากุญแจมาไม่ใช่หรือ　　　　　鍵を持ってきたんじゃないの？
aw kuncεε maa mâi châi rǔɯ

　－อุ๊ยตาย ลืมแล้ว　　　　　　あら大変、忘れていました（もう
　　úi taai lɯɯm lέεw　　　　　　既に忘れている）。

ใส่พริกอีกหน่อยได้ไหม　　　　　あと少し唐辛子を入れてもいい
sài phrík ìik nɔ̀i dâi măi　　　　　ですか？

　－ไม่ได้ เผ็ดแล้ว　　　　　　だめです、（もう既に）辛くなっ
　　mâi dâi phèt lέεw　　　　　　ています。

(語句)

　　กุญแจ [kuncεε]　鍵
　　อุ๊ย [úi]　あら（大変）
　　ตาย [taai]　死ぬ、大変（**ตายแล้ว**[taai lέεw] 大変だ！）
　　ใส่ [sài]　入れる

พริก [phrík] 唐辛子

＊ เอาอีกแล้ว [aw ìik lɛ́ɛw] またやっちゃった！（同じことをした（された）場合）

練習2

タイ語に訳してください。

① 先生はもうゴルフに行かなくなったのですか？
　—もう行かなくなりました。／きっとまた行くでしょう。
② （もう既に）暗くなりました。家に帰った方がいい。
③ あと少し砂糖を入れてもいいですか？
　—もう（既に）甘くなっています。

語句

ゴルフをする	เล่นกอล์ฟ [lên kɔ́ɔp]
暗い	มืด [mûɯt]
砂糖	น้ำตาล [nám taan]
甘い	หวาน [wǎan]

関連表現

動詞（形容詞）＋ หมด [mòt] すべて〜になる、し尽くす

ลูกค้าคนนั้นซื้อสินค้านั้นหมดแล้ว
lûuk kháa khon nán súɯ sǐnkháa nán mòt lɛ́ɛw

あのお客がその商品をすべて買い占めてしまった（すべてを買った）。

ครูคนนั้นสอนดีหมดทุกวิชา
khruu khon nán sɔ̌ɔn dii mòt thúk wíchaa

あの先生はどの教科もすべてよく教える。

形容詞＋ หมด [mòt] に แล้ว [lɛ́ɛw] は付きません。

第16課　既に〜し終わっている（完了）

> 語句

ลูกค้า ［lûuk kháa］ 客
สินค้า ［sǐnkháa］ 商品
วิชา ［wíchaa］ （ここでは）教科、科目

＊ タイではよく**กินให้หมด**［kin hâi mòt］「全部食べてください」と言われます。食べ残すと**น่าเสียดาย**［nâa sǐːa daai］（もったいない）と言われますが、無理は禁物です。

麺（クイッティオ）屋の店先

第17課　ว่าの用法

1 と思う

英語の *think (feel) that ...* のように「〜と思う，感じる」など、意見や感想を述べる表現があります。この *that* が置かれる部分にว่า[wâa]を置きます。ว่า[wâa]は「言う」という意味です（省略可）。

ดิฉันคิดว่าเมืองไทยน่าอยู่กว่า
dichǎn khít wâa mɯːaŋ thai nâa yùu kwàa

　　　　　　　　　　　私はタイの方が住みやすいと思います。

คิดว่าพ่อไม่ควรกินเหล้าทุกๆวัน
khít wâa phɔ̂ɔ mâi khuːan kin lâw thúk thúk wan

　　　　　　　　　父は毎日毎日酒を飲むべきではないと思います。

เขาคิดว่าจะไปเมืองไทยปีที่แล้ว แต่ไม่ได้ไป
kháw khít wâa cà pai mɯːaŋ thai pii thîi lɛ́ɛw tɛ̀ɛ mâi dâi pai

　　　　　　　　　去年タイに行こうとしましたが、行けませんでした。

ตอนนั้น รู้สึกว่าจะสู้เขาไม่ได้
tɔɔn nán rúu sùk wâa cà sûu kháw mâi dâi

　　　　　　　　　あのとき、彼にはかなわないと感じました。

語句

รู้สึก　[rúu sùk]　と感じる
ตอนนั้น　[tɔɔn nán]　あの(その)とき
สู้　[sûu]　戦う
สู้ไม่ได้　[sûu mâi dâi]　かなわない(勝ち目がない)

2 と言う

บอกว่า[bɔ̀ɔk wâa]で「と言う」という意味になります。

หัวหน้าบอกว่าอย่ามาสายอีก
hǔːa nâa bɔ̀ɔk wâa yàa maa sǎai ìik

もう遅刻しないで（ください）とマネージャーが言いました。

เขาบอกว่าเอาไว้ก่อน
khǎw bɔ̀ɔk wâa aw wái kɔ̀ɔn

彼はあとにするようにと言いました。

(語句)

หัวหน้า　[hǔːa nâa]　マネージャー
อย่า　[yàa]　しないで（第18課）
มาสาย　[maa sǎai]　遅刻する
เอาไว้ก่อน　[aw wái kɔ̀ɔn]　あとにする、あとにしよう

3　ということを知っている

ทราบว่า[sâap wâa], รู้ว่า[rúu wâa]

เขารู้ว่าพวกเราจะย้ายบ้าน
khǎw rúu wâa phûːak raw cà yáai bâan

彼は私たちが引っ越そうとするのを知っています。

คุณทราบไหมว่าอาจารย์จะมากี่โมง
khun sâap mǎi wâa aacaan cà maa kìi mooŋ

先生が何時に来るかご存知ですか？

ดิฉันไม่ทราบว่าเขาจะไปเชียงใหม่เมื่อไร
dichǎn mâi sâap wâa khǎw cà pai chiːaŋmài mûːa rai

彼がいつチェンマイに行くか知りません。

เขาจะรู้ก็หาไม่ว่าเด็กคนนี้ไม่ใช่ลูกเขา
khǎw cà rúu kɔ̂ɔ hǎa mâi wâa dèk khon níi mâi châi lûuk khǎw

彼はこの子が自分の子でないことを知らないでしょう。

* **รู้**[rúu] より**ทราบ**[sâap] の方が丁寧な言い方です。

* **ไม่ทราบว่า**[mâi sâap wâa]（を知りません）に疑問文が続くと、遠まわしに質問する文になることがあります。たとえば。3つ目の例

は「彼がいつチェンマイに行くか教えてください」と間接的に尋ねています。

> 語句

ย้ายบ้าน ［yáai bâan］ 引っ越す（**ย้าย**［yáai］移動する）
ก็หาไม่ ［kɔ̂ɔ hǎa mâi］（否定文を作る（書き言葉））

練習

ว่า［wâa］を使い、タイ語に訳してください。

① 今日はとても曇っています。きっと雨が降ると思います。
② 今日はとても暖かく感じます。
③ どの店がいちばんおいしいと思いますか？

> 語句

雲 **เมฆ** ［mêek］（「曇っている」は「雲がある」と訳してください）
暖かい **อบอุ่น** ［òp ùn］

行商の時間指定

ว่า[wâa] の例

นี่ภาษาไทยเรียกว่าอะไร
nîi phaasăa thai rîak wâa arai

これはタイ語で何と言いますか？
(**เรียกว่า**[rîːak wâa] と呼ぶ)

ได้ยินว่าน้องชายคุณเอาแต่นอนอย่างเดียว
dâi yin wâa nɔ́ɔŋ chaai khun aw tɛ̀ɛ nɔɔn yàaŋ diːaw

あなたの弟は寝てばかりだと聞きました。
(**ได้ยินว่า**[dâi yin wâa] と聞く)

สงสัยว่าเขาอาจจะสอบตก
sŏŋsăi wâa kăw àat cà sɔ̀ɔp tòk

彼は試験に落ちたのではないかと思う。
(**สงสัยว่า**[sŏŋsăi wâa]（疑って）思う または（懐疑的に）思う

"ลำแต๊ๆ" ในภาษาเหนือหมายความว่า "อร่อยมาก"
lam tɛ tɛ́ɛ nai phaasăa nɯ̌ːa măai khwaam wâa arɔ̀i mâak

北部(タイ)語の「ラムテテー」は「とてもおいしい」という意味です。
(**หมายความว่า**[măai khwaam wâa] 意味する)

＊ **หมายความว่าอะไร**[măai khwaam wâa arai]（何を意味していますか？）や **แปลว่าอะไร**[plɛɛ wâa arai]（何と訳しますか？）は「何のこと？」「どういう意味？」という場面で使うことがあります。

語句

เอาแต่ [aw tɛ̀ɛ] しかしない
อย่างเดียว [yàaŋ diːaw] 一種類だけ
สอบตก [sɔ̀ɔp tòk] 試験に落ちる
ลำ [lam] おいしい（北タイ方言）
แต๊ๆ [tɛ tɛ́ɛ] ＝**แท้ๆ**[thɛ thɛ́ɛ] とても（北タイ方言）

＊ 北タイでは単語によっては息を伴う[h]が落ちる場合があります。
(例) **ชื่อ**[chɯ̂ɯ]（名前） ⇨ **จื้อ**[cɯ̂ɯ]
ที่ไหน[thîi năi]（どこ？） ⇨ **ตี้ไหน**[tîi năi]

実践　会話Ⅲ（休憩）

食事中体調が思わしくなかったミカは、
病院へ行き、しばらく休むことになりました。

นุ้ย 　มิกะบอกว่าไม่ค่อยสบาย
núi: 　mika bɔ̀ɔk wâa mâi khɔ̂i sabaai
ヌイ： 　ミカはあまり元気じゃないって言っているわ。

เป็ด 　ไปหาหมอดีกว่า　น้องๆ เช็คบิลด้วย
pèt: 　pai hăa mɔ̆ɔ dii kwàa nɔ́ɔŋ nɔ́ɔŋ chék bin dûːai
ペット： 　お医者さんに行ったほうがいいね。すみません、お勘定（してください）。

....

นุ้ย 　คุณหมอคะ เพื่อนหนูเป็นคนญี่ปุ่น
núi: 　khun mɔ̆ɔ khá phɯ̂ːan nŭu pen khon yîipùn
ヌイ： 　先生、**日本の友人です、**（直訳：私の友人は日本人です）

　　　　เขาไม่ค่อยสบาย
　　　　khăw mâi khɔ̂i sabaai

　　　　彼女はあまり元気がないのです…

เป็ด 　ไม่เป็นไรหรอกนุ้ย คุณหมอพูดภาษาญี่ปุ่นได้
pèt: 　mâi pen rai rɔ̀ɔk núi khun mɔ̆ɔ phûut phaasăa yîipùn dâi
ペット： 　大丈夫だよヌイ、先生は日本語が

　　　　พวกเราคอยข้างนอกดีกว่า
　　　　phûːak raw khɔɔi khâŋ nɔ̂ɔk dii kwàa

　　　　話せる（から）、僕たちは外で待っていよう。

　　　　(20 นาทีต่อมา)
　　　　(yîi sìp naathii tɔ̀ɔ maa)

　　　　（20分後）

นุ้ย	เป็ด คุณหมอบอกว่ามิกะไม่มีอะไรผิดปกติ
núi:	pèt khun mɔ̌ɔ bɔ̀ɔk wâa mika mâi mii arai phìt pòkkatì
ヌイ：	ペット、先生が言うにはミカはどこも悪くないみたい。

ให้พักผ่อนมากๆ แล้วก็จะดีขึ้นเอง
hâi phák phɔ̀ɔn mâak mâak lɛ́ɛw kɔ̂ɔ cà dii khŵn eeŋ

ゆっくりと休ませれば（たぶん）よくなるわよ。

เป็ด	มิกะพักมาตั้ง3 วัน แล้ว
pèt:	mika phák maa tâŋ sǎam wan lɛ́ɛw
ペット：	ミカは３日も休んだのに、顔色が全然よくなって

สีหน้ายังไม่ดีขึ้นเลย ทำยังไงดี
sǐi nâa yaŋ mâi dii khŵn ləəi tham yaŋ ŋai dii

いないね。どうしようか…

นุ้ย	มิกะเป็นอะไรนะ ยังไม่หายสักที
núi:	mika pen arai ná yaŋ mâi hǎai sák thii
ヌイ：	ミカ…（いったい）どうしたの？ いつまでもよくならないで…

ให้มิกะเข้าโรงพยาบาลดีกว่าไหม
hâi mika khâw rooŋ phayaabaan dii kwàa mǎi

ミカを病院に**入院**させた方がいいと思わない？

（直訳：入院させた方がいいですか？）

เป็ด	ไม่ต้องถึงขนาดนั้นมั้ง หมอบอกว่าพักผ่อน
pèt:	mâi tɔ̂ŋ thɯ̌ŋ khanàat nán máŋ mɔ̌ɔ bɔ̀ɔk wâa phák phɔ̀ɔn

แล้วก็หายไม่ใช่เหรอ?
lɛ́ɛw kɔ̂ɔ hǎai mâi châi rə̌ə

ペット： そこまでしなくてもいいんじゃない？ 先生は休ませれば治るって言ってたよね…

อ๋อ นึกอะไรดีๆได้แล้ว
ɔ̌ɔ núk arai dii dii dâi lɛ́ɛw

そうだ… いいことを思いついたぞ！
（直訳：よい何かを思い出した）

語句

หาหมอ [hǎa mǒɔ] 医者を訪ねる
เช็คบิลด้วย [chék bin dûːai] お勘定をお願いします
คุณหมอ คะ [khun mǒɔ khá] 医者（お医者さんに対する呼びかけ）
หนู [nǔu] （年下の人が（かなり）年上の人に対し「私」という場合、また年配者が子どもなどに「君」などと呼ぶ場合に使います（**หนู**[nǔu] ネズミ）
20 นาทีต่อมา [yîisìp naathii tɔ̀ɔ maa] 20分後（**ต่อมา**[tɔ̀ɔ maa] は過去のある時点からみた「その後」）
＊ 現時点からみた「その後」は **ต่อไป**[tɔ̀ɔ pai]
ไม่มีอะไร [mâi mii arai] 何にもない、何でもない（「何かあったのですか？」「何でもないですよ」という場合にも使える）
ผิดปกติ [phìt pòkkatì] 正常ではない
ปกติ [pòkkatì] 平常、正常、普通
ให้ [hâi] （動詞の前に置くと）させる
พักผ่อน [phák phɔ̀ɔn] 休憩する、休む
มากๆ [mâak mâak] とてもとても（このように形容詞を繰り返すと形容詞の意味が強調されます）
แล้วก็ [lɛ́ɛw kɔ̂ɔ] それから
ดีขึ้น [dii khûn] よくなる
เอง [eeŋ] （ここでは確信を表す）だよ
ตั้ง [tâŋ] （3日）も（通常より多いと感じた場合）
สี [sǐi] 色
หน้า [nâa] 顔
หาย [hǎai] （病気が）治る
สักที [sák thii] そろそろ（もういい頃だ）
ขนาด [khanàat] 規模、程度
ขนาดนั้น [khanàat nán] その程度
อ๋อ [ɔ̌ɔ] おお、そうだ（思い出したときなどに発する感嘆詞）

実践 会話Ⅲ

นึก(ออก) [núk(ɔ̀ɔk)] 思う、考える（思い出す）

ดีๆ [dii dii] （形容詞「良い」の強調、「（ちゃんと）〜する」）という意味でも使います）

* แล้วก็ [lɛ́ɛw kɔ̂ɔ] それから

ตรงไปแล้วก็เลี้ยวซ้าย
troŋ pai lɛ́ɛw kɔ̂ɔ líːaw sáai

まっすぐ行って（**それから**）左に曲がってください（タクシーなどで）。

(**ตรงไป** [troŋ pai] まっすぐ行く　　**เลี้ยว** [líːaw] 曲がる)

以降の実践会話で使う **เห็น** [hěn] は、一般表現の中に挿入され、「自分の気持や意見」を表します。

ไม่เห็นเป็นไร　　　　　（私にとっては）大丈夫です。
mâi hěn pen rai　　　　　→あなたが思うほどのことはない。

ไม่เห็นอร่อยเลย　　　　（思ったより）おいしくなかった。
mâi hěn arɔ̀i ləəi

ไม่เห็นอยากไป　　　　（自分としては）行きたくない。
mâi hěn yàak pai

タイの一般家庭

第18課　禁止、命令

1　禁止

「しないでください」は **อย่า**[yàa]と言います。ただし、「立入禁止」などの標識では **ห้าม** [hâam]（禁止）を使います。

อย่า หัวเราะ yàa hǔːarɔ́	笑わないで。
อย่าเพิ่งกลับญี่ปุ่นเลย yàa phə̂ŋ klàp yîipùn ləəi	まだ日本に帰らないで。
อย่าเลย yàa ləəi	もうやめて。
ห้าม เข้า hâam khâw	立入禁止
ห้ามสูบบุหรี่ hâam sùup burìi	禁煙
ห้าม แซง hâam sɛɛŋ	追い越し禁止

語句

- **หัวเราะ**　[hǔːarɔ́]　笑う
- **อย่าเพิ่ง**　[yàa phə̂ŋ]　まだ～しないで
- **เลย**　[ləəi]　もう（そのままずっと）
- **สูบ**　[sùup]　吸う
- **สูบบุหรี่**　[sùup burìi]　タバコを吸う
- **แซง**　[sɛɛŋ]　追い越す（自動車、バスのなどの後部に書いてあります）

練習1

禁止表現を使って、タイ語に訳してください。

① 冗談言わないで。

② もう泣かないで。

③ 手を触れないでください。（博物館などの掲示に使う表現で）

語句

冗談を言う　**พูดเล่น**　[phûut lên]
泣く　**ร้องไห้**　[rɔ́ɔŋ hâi]
触れる、さわる　**จับ**　[càp]

2　命令

文頭を動詞から始めると、命令文になります。

ไป！
pai

行け！
＊「（さぁ）行こう」という意味もあります。

มานี！
maa nîi

ここに来い！
（！マークはタイ語では特に必要ありません）

＊ 文末に**ซิ**[sí]を置くと命令が強調されます。**ครับ**[khráp] や **คะ**[khá]を付けると丁寧になります。やさしく「しなさい」と言う場合、**ซิ**[sí]の発音が「sî」になります。

ไปซิ
pai sí

行きなさい。

มานีซิคะ
maa nîi sí khá

ここに来てください！

3 やわらかい命令

文末に **หน่อย**[nɔ̀i] **ด้วย**[dûːai]、**นะ**[ná] などを付けると、やわらかい命令になります。

เอามาหน่อย　　　　　　　　　　ちょっと持ってきて。
aw maa nɔ̀i

จอดที่นี่ด้วย　　　　　　　　　　ここに止めてください
cɔ̀ɔt thîi nîi dûːai　　　　　　　　（車から降りるときなどに使う）。

พรุ่งนี้นะ　　　　　　　　　　　明日ね。
phrûŋ níi ná

　＊ この文だけでは「何が明日」かわかりませんが、当事者同士がわかっていればいいのです。例えば「明日（会いましょう）ね」「明日（続きをやりましょう）ね」など。

語句

　จอด　[cɔ̀ɔt]　止める、駐車する

4 しなさい

文頭に **จง**[coŋ] を付けて「**しなさい**」を表します。やや文章調です。

จงตอบคำถามต่อไปนี้　　　　　次の問いに答えなさい。
coŋ tɔ̀ɔp kham thǎam tɔ̀ɔ pai níi

จงระวังรถไฟ　　　　　　　　　列車に注意。
coŋ rawaŋ rót fai

語句

　ต่อไป　[tɔ̀ɔ pai]　次

第18課　禁止、命令

5　どうぞ～してください

文頭に **เชิญ**[chəən] を付けると、「どうぞ～してください」という勧誘の表現になります。

เชิญค่ะ　　　　　　　　　　　どうぞ。
chəən khâ

เชิญเข้ามาข้างในซิคะ　　　　　どうぞ中へ入ってください。
chəən khâw maa khâŋ nai sí khá

เชิญทางนี้　　　　　　　　　　どうぞこちらへ。
chəən thaaŋ níi

タイ舞踊

スリンの象祭り

ไป[pai] と มา[maa]

バンコクであなたがタイの友人と別れる場合を想定してください。次のような会話になるでしょう。

　　友人：またバンコクに遊びに**来て**くださいね。
　　① **มาเที่ยวกรุงเทพฯ อีกนะ**
　　　maa thîːaw kruŋthêep ìik ná

　　あなた：日本にもどうぞ遊びに**来て**ください。
　　② **เชิญคุณไปเที่ยว ญี่ปุ่นด้วย**
　　　chəən khun pai thîːaw yîipùn dûːai

この会話はタイで行われているので、①では**มา**[maa]（来る）を使っています。逆に、「（タイから）日本へ来る」とタイで言う場合は、②のように**ไป**[pai]（行く）を使います。会話が行われている場所に近づく場合**มา**[maa]（来る）を使い、離れる場合**ไป**[pai]（行く）を使います。日本語とは少し違うので注意してください。

＊ **มา**[maa] を使う例として、電話で「かけなおします」と言う場合、**จะโทรมาใหม่**[cà thoo maa mài] と言います。これは電話をかけた人が、基準地を相手に置くことで丁寧な表現になるからです、慣用表現として覚えてしまいましょう。

第18課　禁止、命令

第 19 課　お願い

1　いいですか？

依頼表現の基本はあとで学ぶ 2 と 3 ですが、いちばん簡単な表現は **ได้ไหม** [dâi măi] を文末に置く言い方です。**ได้ไหม**[dâi măi] のあとに **ครับ** [khráp] や **คะ** [khá] を付ければ、より丁寧なお願いになります。

จ่ายเป็นเงินเยนได้ไหมคะ　　　円で支払ってもいいですか？
càai pen ŋən yen dâi măi khá

คอยสักนิดหนึ่งได้ไหมคะ　　　少しお待ちいただいてもいいですか？
khɔɔi sák nít nùŋ dâi măi khá

(語句)

จ่าย [càai] 支払う　　**คอย** [khɔɔi] 待つ
นิดหนึ่ง [nít nùŋ] 少し

* **คอยสักครู่** [khɔɔi sák khrûu]（少々お待ちください）を、**สักครู่** [sák khrûu]と短く言うこともあります。

* **จะคอยนะ**[cà khɔɔi ná]（待っていますね）は日本語の「楽しみにしています」という場面でも使えます。

練習 1

ได้ไหม[dâi măi] を使って、タイ語に訳してください。

① 飛行場に先生を迎えに行ってもらってもいいですか？
② 500 バーツ紙幣を 100 バーツ (紙幣) に両替してもらえますか？
③ クレジットカードを使ってもいいですか？

(語句)

迎えに行く　**ไปรับ** [pai ráp]
両替する　**แลก** [lɛ̂ɛk]

紙幣　**แบ๊งค์**　[bɛ́ɛŋ]　(英語の *bank* より)
クレジットカード　**บัตรเครดิต**　[bàt khreedìt]

2　してください

「手伝う、助ける」という意味の **ช่วย**[chûːai] を文頭に置くと、**相手に**「してください」というお願いの表現になります。文末に**หน่อย**[nɔ̀i] や **ด้วย**[dûːai] を付け、「ちょっと、ついでに」などと結ぶこともあります。**ได้ไหม**[dâi mǎi] を続けるとより丁寧な言い方になります。

ช่วยพาดิฉันไปเที่ยวโคราชหน่อย
chûːai phaa dichǎn pai thîːaw khooraat nɔ̀i

　　　　　　　　私をコーラートへ遊びに連れて行ってください。

ช่วยเก็บของเดี๋ยวนี้ด้วย　　　今すぐに片付けてください。
chûːai kèp khɔ̌ɔŋ dǐːaw níi dûːai

ช่วยหน่อย　　　ちょっと手伝ってください。
chûːai nɔ̀i

ช่วยด้วย　　　助けてください。(慣用句)
chûːai dûːai

ให้[hâi] のあとに人名や代名詞を入れると「(誰々のために) 〜してあげる」というニュアンスが出ます。「誰」かが明確なら、人名や代名詞は省略できます。

ช่วยทำอาหารให้คุณตาหน่อยได้ไหม
chûːai tham aahǎan hâi khun taa nɔ̀i dâi mǎi

　　　　　　おじいさんにご飯を作ってあげてくださいますか？

ช่วยไปสอนภาษาไทยให้หน่อย　タイ語を教えに行ってあげてく
chûːai pai sɔ̌ɔn phaasǎa thai hâi nɔ̀i　ださい。

【語句】

โคราช ［khoorâat］　コーラート（県名、正式にはナコーン・ラーチャ・シーマー県。近郊のピマーイにはクメール様式の遺跡があり、アンコールワットの建築様式が鑑賞できます）

ตา ［taa］　祖父（親族名詞は補足を参照）

練習 2

ช่วย［chûːai］を使って、タイ語に訳してください。

① 会議に参加してください。
② このゴミを捨てに行ってください。
③ あの事故をもう一度調べてください。

【語句】

会議　**ประชุม**　［prachum］
参加する　**เข้าร่วม**　［khâw rûːam］
ゴミ　**ขยะ**　［khayà］（くずかご　**ถังขยะ**［thăŋ khayà］）
捨てる　**ทิ้ง**　［thíŋ］
事故　**อุบัติเหตุ**　［ùbàtì hèet］
調べる（調査する）　**สอบสวน**　［sɔ̀ɔp sŭːan］

＊ **ร่วม**［rûːam］（参加する、共同で～する）と **รวม**［ruːam］（合わせる（合計））の違いに注意。

3　丁寧なお願い

กรุณา［karunaa］を文頭に置くと、**ช่วย**［chûːai］よりも丁寧なお願いになります。

กรุณาขับรถช้าๆ　　　　　　　　（どうか）ゆっくり運転してください。
karunaa khàp rót chá cháa

กรุณารับไว้ได้ไหมคะ karunaa ráp wái dâi măi khá	（どうか）受け取っていただけますか？

โปรด[pròot] も **กรุณา**[karunaa] と似た意味ですがやや文章調です。

โปรดทราบ pròot sâap	お知らせします（デパートや空港で）。
โปรดเก็บให้พ้นมือเด็ก pròot kèp hâi phón mɯɯ dèk	子どもの手の届かないところに保管してください。

語句

ขับ [khàp] 運転する（運転免許証 **ใบขับขี่** [bai khàp khìi]）
ให้พ้น [hâi phón] 遠ざける

4 私が〜したい

「私が〜したい」場合、**ขอ**[khɔ̌ɔ] に動詞を続けます。**2** と同様、文末に **หน่อย**[nɔ̀i] や **ด้วย**[dûːai] を付けることがあります。名詞が続くと「〜をください」という意味になります。

動詞の場合

ขอแนะนำ คุณธันยาค่ะ khɔ̌ɔ nɛ́ nam khun thanyaa khâ	タンヤーさんを紹介させてください。
ขอพูดกับคุณสุวรรณี khɔ̌ɔ phûut kàp khun sùwǎnnii	スワンニーさんと話をさせてください（電話で「スワンニーさんをお願いします」と言う場合）。

名詞の場合

ขอข้าวอีกจานหนึ่ง khɔ̌ɔ khâaw ìik caan nɯ̀ŋ	ライスをもう一皿ください。
ขอน้ำเปล่าอีกสองแก้วด้วย khɔ̌ɔ nám plàw ìik sɔ̌ɔŋ kɛ̂ɛw dûːai	水をもう2杯ください。

語句

แนะนำ [nɛ́ nam] 紹介する、おすすめ（の意）
ขอแนะนำ [khɔ̌ɔ nɛ́ nam] 紹介します（紹介させてください）
น้ำเปล่า [nám plàw] （普通の）水

＊ **ช่วย** [chûːai]と同様に、文末に**ได้ไหม**[dâi mǎi]を付ければ、より丁寧な言い方になります。

練習3

ขอ[khɔ̌ɔ] を使って、タイ語に訳してください。

① メニューを見せてください。
② 電話を使わせてください。
③ ビールをもう3本ください。

語句

メニュー **เมนู** [meenuu]

◆ カルナー（どうか～してください）◆

กรุณา[karunaa]（カルナー）はサンスクリット語で「慈悲」の「悲」にあたる言葉、原語では「叫び、うめき」という意味です。「他者の苦しみを共有し苦しむ」、その時の「うめき」がカルナーの語源です。なお「慈」の方はサンスクリットの「マイトレーヤ」で「ミトラ（友）」という語の派生語です。「ミトラ」は特定の友ではなく**友情**の「友」を意味します（タイ語では **มิตร**[mít] 朋友）。「慈悲」の古代インド語訳は「苦しみや悲しみを共にする友愛」となります。

第20課　時、仮定、譲歩

「したとき…」「もし〜なら…」「たとえ〜でも…」などの接続詞がタイ語にもあります。

1　時

したとき	เมื่อ [mʉ̂ːa]、 เวลา [weelaa]
したら（すぐ）	พอ[phɔɔ]〜ก็[kɔ̂ɔ]...
する前	ก่อนที่ [kɔ̀ɔn thîi]
したあと	หลังจาก [lǎŋ càak]
するまで	กว่า(จะ) [kwàa (ca)]

เมื่อยังเป็นเด็ก คิดว่าจะเป็นหมอ
mʉ̂ːa yaŋ pen dèk khít wâa cà pen mɔ̌ɔ

まだ子どもの**とき**、医者になろうと思いました。

เวลาพบผู้ใหญ่ ต้องสวัสดีทักทาย
weelaa phóp phûu yài tɔ̂ŋ sawàt dii thák thaai

大人（目上）の人と会った**とき**は、（合掌をして）挨拶をすべきです。

พอเขาเคาะประตู ไฟก็ดับ
phɔɔ kháw khɔ́ pratuu fai kɔ̂(ɔ) dàp

彼がドアをノックし**たら（すぐ）**停電しました。

ก่อนที่จะแต่งงาน ควรบวชเป็นพระเสียก่อน
kɔ̀ɔn thîi cà tèŋ ŋaan khuan bùːat pen phrá sǐːa kɔ̀ɔn

結婚**する前**に、まず出家すべきです。

หลังจากจบมหาวิทยาลัยแล้ว ทำงานที่สวนสัตว์
lǎŋ càak còp mahǎawítthayaalai lɛ́ɛw tham ŋaan thîi sǔːan sàt

大学を卒業し**たあと**、動物園で働きました。

กว่ารถจะมาก็ยืนคอยจนเมื่อย
kwàa rót cà maa kɔ̂ɔ yɯɯn khɔɔi con mɯ̂ːai

車が来るまで立って待っていたら、だるくなりました。

関連表現

ต้องกินยาครั้งละสองเม็ดหลังอาหาร
tɔ̂ŋ kin yaa khráŋ lá sɔ̌ɔŋ mét lǎŋ aahǎan

食後１回２錠薬を飲まなければなりません。

ฝนตกทีไรน้ำท่วมทุกที
fǒn tòk thii rai náam thûːam thúk thii

雨が降るといつも洪水になる。

ไปเมืองไทยเมื่อไรก็ไปกินสุกี้กับเพื่อนเก่า
pai mɯːaŋ thai mɯ̂ːa rai kɔ̂ɔ pai kin sukîi kàp phɯ̂ːan kàw

タイに行ったときはいつも、旧友とタイスキを食べに行きます。

語句

ทักทาย [thák thaai]　挨拶する
สวัสดีทักทาย [sawàt dii thák thaai]　挨拶する
＊目上の人には挨拶する際、合掌する習慣があります。
เคาะ [khɔ́]　ノックする
ดับ [dàp]　消える
บวชเป็นพระ [bùːat pen phrá]　出家して僧侶になる（**บวช**[bùːat]出家する、**พระ**[phrá]僧侶）
เสียก่อน [sǐːa kɔ̀ɔn]　（何をおいても）まず先に
สวนสัตว์ [sǔːan sàt]　動物園（**สวน**[sǔːan]公園、**สัตว์**[sàt]動物）
จน [con]　〜に至るまで
เมื่อย [mɯ̂ːai]　だるい、疲れる
A **ทีไร**[thiirai]**…ทุกที**[thúk thii]（またはA **เมื่อไรก็**[mɯ̂ːa rai kɔ̂ɔ]…A するときはいつも…）
น้ำท่วม [náam thûːam]　洪水
สุกี้(ยากี้) [sukîi(yaakîi)]　タイスキ（しゃぶしゃぶ）
เพื่อนเก่า [phɯ̂ːan kàw]　旧友

2 仮定

もし〜なら	ถ้า [thâa]、ถ้าเผื่อ [thâa phɯ̀ːa]
	หากว่า [hàak wâa]、ถ้าหากว่า [thâa hàak wâa]
例えば	สมมติว่า [sǒmmút wâa]
でなければ	เว้นแต่ว่า [wéntɛɛ wâa]

ถ้าคุณเป็นเขา คุณจะทำยังไง
thâa khun pen khǎw khun cà tham yaŋ ŋai

もしあなたが彼ならどうしますか？

ถ้าเผื่อคุณสมศรีมีเวลาว่าง ก็ช่วยทำอาหารให้เขาด้วย
thâa phɯ̀ːa khun sǒmsǐi mii weelaa wâaŋ kɔ̂ɔ chûːai tham aahǎan hâi khǎw dûːai

もしソムシーさんに空き時間があれば、彼に食事を作ってあげてください。

หากว่าหิมะตก กรุงเทพฯจะเป็นยังไง
hàak wâa hìmá tòk kruŋthêep cà pen yaŋ ŋai

仮に雪が降ったら、バンコクはどうなるでしょうか？

ถ้าหากว่าถูกล็อตเตอรี่ จะบริจาคเงินไหม
thâa hàak wâa thùuk lɔ́ttəərîi cà bɔɔricàak ŋən mǎi

もし仮に宝くじが当たったら寄付をしますか？

สมมติว่า ๑บาทเท่ากับ ๑๐๐เยน คุณยังจะไปเที่ยวเมืองไทยไหม
sǒmmút wâa nɯ̀ŋ bàat thâw kàp rɔ́ɔi ye(e)n khun yaŋ cà pai thîːaw mɯːaŋ thai mǎi

例えば、1バーツ100円になったとしたら、あなたは(それでも)タイへ遊びに行きますか？

เรายังดำเนินการอะไรไม่ได้ เว้นแต่ว่าจะได้รับคำสั่งจากสำนักงานใหญ่ก่อน
raw yaŋ damnəən kaan arai mâi dâi wéntɛɛ wâa cà dâi ráp kham sàŋ càak sǎmnák ŋaan yài kɔ̀ɔn

まず本社からの指示(命令)を受け**なければ**、まだ何も実行に移せません。

語句

หิมะ [hìmá] 雪(「ヒマラヤ」から)
ว่าง [wâaŋ] (時間や部屋が)空いている
ถูก ล็อตเตอรี่ [thùuk lɔ́ttəərîi] 宝くじに当たる (**ถูก** [thùuk] 当たる、**ล็อตเตอรี่** [lɔ́ttəərîi] 宝くじ(英語))
บริจาค [bɔɔricàak] 寄付する
เท่ากับ [thâw kàp] と等しい(第26課)
ดำเนินการ [damnəən kaan] 実行する
สำนักงานใหญ่ [sămnák ŋaan yài] 本社、本店(「支社、支店」は**สาขา** [săakhăa])

3 譲歩

たとえ〜でも	**แม้ว่า** [mɛ́ɛ wâa]
	ถึง (แม้ว่า) [thŭŋ (mɛ́ɛ wâa)]
いくら〜であっても	**ถึง** [thŭŋ] 〜**ยังไง ก็** [yaŋ ŋai kɔ̂ɔ]
にもかかわらず	**ทั้งๆที่** [tháŋ tháŋ thîi]
AであれBであれ	A **ก็ตาม** [kɔ̂ɔ taam] B **ก็ตาม** [kɔ̂ɔ taam]
	(または A **ก็ดี** [kɔ̂ɔ dii] B **ก็ดี** [kɔ̂ɔ dii])

แม้ว่าเขาทำเป็นไม่รู้ก็ไม่อยากจะโมโห
mɛ́ɛ wâa khăw tham pen mâi rúu kɔ̂ɔ mâi yàak cà moohŏo

たとえ彼が知らないふりをしても、怒りたくありません。

ถึงแม้ว่าฝนจะตกหนัก แต่ก็จะไปหาคุณให้ได้
thŭŋ mɛ́ɛ wâa fŏn cà tòk nàk tɛ̀ɛ kɔ̂ɔ cà pai hăa khun hâi dâi

土砂降りになっても、きっとあなたを訪ねます。

ถึงจะกินกาแฟยังไง ก็ยังง่วงนอน
thŭŋ cà kin kaafɛɛ yaŋ ŋai kɔ̂ɔ yaŋ ŋûːaŋ nɔɔn

いくらコーヒーを飲んでもまだ眠い。

แม้แต่ครูก็ไม่สามารถอธิบายทุกสิ่งทุกอย่าง
mɛ́ɛ tɛ̀ɛ khruu kɔ̂ɔ mâi sǎamâat athíbaai thúk sìŋ thúk yàaŋ

　　　　　　　　　先生でさえ、すべてのことを説明できません。

ทั้งๆที่เขาเพิ่งมาเมืองไทยได้ไม่นานเขาก็พูดภาษาไทยได้ชัด
tháŋ tháŋ thîi kháw phə̂ŋ maa mɯːaŋ thai dâi mâi naan kháw kɔ̂ɔ phûut phaasǎa thai dâi chát

彼はタイに来たばかり(で長くない)にもかかわらず、タイ語(の発音)を明確に話します。

คนจนก็ดีคนรวยก็ดีมีสิทธิ์ที่จะมีความสุขเหมือนกัน
khon con kɔ̂ɔ dii khon ruːai kɔ̂ɔ dii mii sìt thîi cà mii khwaam sùk mɯ̌ːan kan

　　　　　　　　貧乏人であれ、金持ちであれ幸せになる権利を持っている。

* **ถึง(แม้ว่า)** [thɯ̌ŋ (mɛ́ɛ wâa)] (たとえ〜でも…) の後半部分の頭に **(แต่)ก็** [(tɛ̀ɛ)kɔ̂ɔ] (しかしながら)や**ก็ตาม** [kɔ̂ɔ taam] (そうであれ) などを置き、「たとえ〜でも」に対する話者の主張を後半で強調します。**แม้แต่** [mɛ́ɛ tɛ̀ɛ] のあとには名詞が続きます。

* 「AであれBであれ」の①**ก็ตาม** [kɔ̂ɔ taam] と②**ก็ดี** [kɔ̂ɔ dii] は日本語に訳すと同じですが、①はAとBに (年齢、身分、貧富、質などの) 差があることを認めた上での発言、②はAとBに差があることがわかっても「AとBはまったく同等である」と主張したい傾向があるようです。

> 語句

ทำเป็นไม่รู้ [tham pen mâi rúu] 知らないふりをする (**ทำเป็น** [tham pen] ふりをする)
ให้ได้ [hâi dâi] きっと、必ず
ง่วงนอน [ŋûːaŋ nɔɔn] 眠い
ทุกสิ่งทุกอย่าง [thúk sìŋ thúk yàaŋ] 全種、一切
ชัด [chát] 明確な、正確な
จน [con] 貧乏な
รวย [ruːai] 富んだ、金持ち

สิทธิ [sìt] 権利
ที่ [thîi] （直前の語句を修飾する→第27課）

練習

これまでの接続詞を使って、タイ語に訳してください。

① まだ学生のときに結婚しました。
② チェンマイに帰るまで、バンコクの美容院で働いています。
③ もし私があなたなら、そのように考えないつもりです。
④ 仮にあなたがタイ人と結婚したら、家庭では何語を使うつもりですか？
⑤ たとえ外国へ行っても、あなたのことは忘れません。
⑥ 子どもでさえ知っている。

語句

家庭（家族）　**ครอบครัว** [khrɔ̂ɔp khruːa]

北部タイの山岳民族

実践　会話IV（タイ古式マッサージ）

ペットが思いついたことで、ミカは元気になったでしょうか？

เป็ด　　ไปร้านนวดแผนโบราณดีกว่า
pèt:　　pai ráan nûːat phěɛn booraan dii kwàa

ペット：（タイ）古式マッサージ店へ行ってみようよ。（直訳：**行った方がいい**）

　　　　เพื่อนผมทำอยู่
　　　　phûːan phǒm tham yùu

　　　　友人がやっているんだよ。

นุ้ย　　ดีเหมือนกัน มิกะชอบไปนวดบ่อยๆที่ญี่ปุ่น
núi:　　dii mǔːan kan mika chɔ̂ɔp pai nûːat bɔ̀i bɔ̀i thîi yîipùn

ヌイ：　いいわね、ミカは日本でよくマッサージへ行っている（から…）。

เป็ด　　นั่งแท็กซี่ไป แป๊บเดียวก็ถึง
pèt:　　nâŋ thɛ́ksîi pai pɛ́p diːaw kɔ̂ thǔŋ

ペット：タクシーに乗っていけばすぐに着くよ。

　　　　มิกะเคยนวดแผนโบราณหรือเปล่า?
　　　　mika khəəi nûːat phěɛn booraan rǔɯ plàw

　　　　ミカはタイ古式マッサージを受けたことがあるの？

นุ้ย　　ไม่เคย แต่มิกะบอกว่าอยากจะลอง
núi:　　mâi khəəi tɛ̀ɛ mika bɔ̀ɔk wâa yàak cà lɔɔŋ

ヌイ：　まだないけれど、ミカは試してみたいって言ってるわ。

　　　　ต้องจองก่อนใช่ป่ะ?
　　　　tɔ̂ŋ cɔɔŋ kɔ̀ɔn châi pà

　　　　予約しなければならないでしょ？

เป็ด	ไม่ต้องจองหรอก
pèt:	mâi tôŋ cɔɔŋ rɔ̀ɔk

ペット： 予約の必要はないよ。

นุ้ย	ขี้เกียจไปนั่งรอ
núi:	khîi kìːat pai nâŋ rɔɔ

ヌイ： 待つのはいやよ。（直訳：行って座って待つのは面倒くさい）

เป็ด	รอนิดหน่อย ไม่เห็นเป็นไรเลย
pèt:	rɔɔ nít nɔ̀i mâi hĕn pen rai ləəi

ペット： 少しくらい待ったっていいじゃないか。（直訳：少し待つことは大丈夫だと思える）

เอ้า จองก็จอง
âw cɔɔŋ kɔ̂ cɔɔŋ

（わかったよ）じゃあ予約するよ。

ฮัลโหล หมูใช่ไหม
hanlŏo　mŭu châi măi

もしもし。あ、ムー？（直訳：ムーでしょう？）

ขอจองนวด3คนนะ ว่างไหม
khɔ̆ɔ cɔɔŋ nûːat săam khon ná wâaŋ măi

3人マッサージの予約をしたいんだ、空いている？

อ๋อ ว่างนะ ขอบใจนะหมู
เห็นไหมล่ะนุ้ย บอกแล้วว่าไม่ ต้องจองก็ได้
ɔ̆ɔ wâaŋ ná khɔ̀ɔp cai ná mŭu

hĕn măi lâ núi bɔ̀ɔk lɛ́ɛw wâa mâi tôŋ cɔɔŋ kɔ̂(ɔ) dâi

ああ、（わかった）空いてるね。ありがとう、ムー。
見てみろよ、ヌイ！ 予約なんかしなくていいって言ったじゃないか！

....

เป็ด	นุ้ย มิกะเป็นไงบ้าง ชอบนวดแบบไทยหรือเปล่า

| pèt: | núi mika pen ŋai bâaŋ chɔ̂ɔp nûːat bɛ̀ɛp thai rɯ̌ɯ plàw |

ペット： ヌイ、ミカはどうだった？タイ式マッサージは**気に入った**？
（直訳：好きですか？）

นุ้ย   เขาบอกว่าไม่เจ็บมาก นวดแล้วตัวเบาสบายดี
núi: khǎw bɔ̀ɔk wâa mâi cèp mâak nûːat lɛ́ɛw tuːa baw sabaai dii

ヌイ： あまり痛くなく、マッサージが終わったら身体が軽く楽になったようね。

เป็ด   ก็ร้านนี้นวดเก่งทุกคนแหละ
pèt: kɔ̂ ráan níi nûːat kèŋ thúk khon lɛ̀

ペット： まあ、このマッサージ店(のスタッフ)はみんな上手だからね。

มิกะน่าจะดีขึ้น ล่ะน้า
mika nâa cà dii khɯ̂n la náa

ミカは元気になったはずなんだけどなぁ…

地方の売店

語句

นวด ［nûːat］ マッサージ（本来の意味は「揉む」）

นวดแผนโบราณ ［nûːat phěɛn booraan］（タイ）古式マッサージ（**แผน**［phěɛn］方式、計画、**โบราณ**［booraan］古代の）

ดีเหมือนกัน ［dii mǔːan kan］ それもいいですね（この表現は相手に対し好意的に同意し、即答する場合に使います）

ชอบ ［chɔ̂ɔp］ よく（しょっちゅう）〜する（「好き」という意味もあります）

บ่อยๆ ［bɔ̀i bɔ̀i］ しばしば、よく

แป๊บเดียว ［pép diːaw］ すぐに、少しの間（話し言葉）

ถึง ［thǔŋ］ 着く

แบบ［bɛ̀ɛp］ 式・型

ใช่ป่ะ ［châi pà］ ですか？（**ใช่หรือเปล่า**［châi rǔɯ plàw］ ⇨ **ใช่เปล่า**［châi plàw］ ⇨ **ใช่ป่ะ**［châi pà］ と会話では短縮されます。タイ人はこの短縮表現をよく使うので現地へ行けば必ず耳にするでしょう。なおこの場合の**ใช่**［châi］は語気によって、高声などに声調変化することがあります）

หรอก ［rɔ̀ɔk］ だよ（語気を強める）

รอ ［rɔɔ］ 待つ

เอ้า ［âw］ （了解、許可を表す間投詞）

จองก็จอง ［cɔɔŋ kɔ̂(ɔ) cɔɔŋ］ 予約すると言うなら予約する（この**ก็**［kɔ̂］は第29課参照）

ฮัลโหล ［hanlǒo］ （電話での）もしもし（＜英語）

ขอบใจ ［khɔ̀ɔp cai］ ありがとう（本来はかなり年下の人に対する「ありがとう」を表します。若者同士や親しい間柄で使うこともあります）

หมู ［mǔu］ ムー（ペットの友人のニックネーム、意味は「豚」）

ล่ะ ［lâ］ 疑問文や命令文に付いてやわらかい表現にする

เบา ［baw］ 軽い（**เบา**［baw］を繰り返せば「そっと、やさしく」）

แหละ ［lɛ̀］ （そう）だよ（肯定）

ล่ะน้า ［lâ náa］ 文末に付き余韻を残す（ここでの**ล่ะ**は［la］）

＊文末詞は感情移入によって正書体と違った声調になることがあります。

◆ タイ古式マッサージ ◆

　タイ古式マッサージはインドのヨーガを媒体として伝わったため、全身のストレッチ系手法が特に目を引きます。一方フットマッサージは中国式(ツボ押し＝取穴法)をベースとし，この取穴が「指圧」「揉む」「たたく」など一般手技にも応用されました。タイ式は 古(いにしえ) のインド・中国の知恵を受け継ぎながら、独自の方法を確立したのです。　経絡を「セン(線)」、ツボを「チュット（点）」、気を「ロム（風）」といい、気「ロム」の扉を指圧により解放する手技を最初に行います。マッサージ師は「ノーン・ガーイ นอนหงาย[nɔɔn ŋǎai]（仰向けに寝てください）」または「ノーン・クワン นอนคว่ำ[nɔɔn khwâm]（うつ伏せに寝てください）」と指示します。このふたつは覚えておくと便利です。痛いときは我慢しないで「チェップ เจ็บ[cèp]（痛い）」と言いましょう。

アユタヤ遺跡

フット・マッサージの反射区

　タイ式足裏マッサージの反射区のおおまかな位置を示しておきます（反射区とはツボの集まったところです）。タイ式では足裏、足の側面（内外）や甲の部分を合わせると60以上の反射区がありますが、ここでは足裏の代表的な部分のみ紹介します。

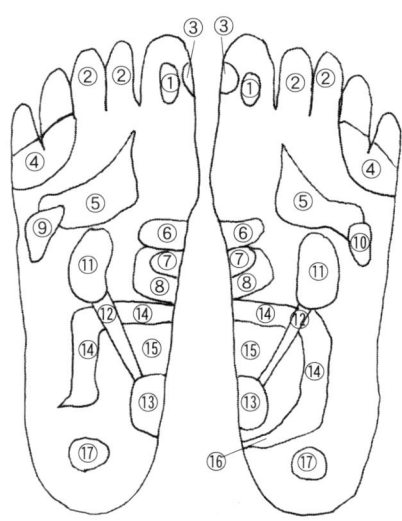

①から⑰までの反射区は以下の通りです。

語句

① 頭・脳 **สมอง** [samɔ̌ɔŋ]　② 目 **ตา** [taa]
③ 鼻 **จมูก** [camùuk]　④ 耳 **หู** [hǔu]　⑤ 肺 **ปอด** [pɔ̀ɔt]
⑥ 胃 **กระเพาะ** [kraphɔ́]　⑦ 膵臓 **ตับอ่อน** [tàp ɔ̀ɔn]
⑧ 十二指腸 **ลำไส้เล็กตอนต้น** [lamsâi lék tɔɔn tôn]
⑨ 肝臓 **ตับ** [tàp]　⑩ 心臓 **หัวใจ** [hǔːa cai]　⑪ 腎臓 **ไต** [tai]
⑫ 尿道 **ท่อปัสสาวะ** [thɔ̂ɔ pàtsǎawá]
⑬ 膀胱 **กระเพาะปัสสาวะ** [kraphɔ́ pàtsǎawá]
⑭ 大腸 **ลำไส้ใหญ่** [lamsâi yài]　⑮ 小腸 **ลำไส้เล็ก** [lamsâi lék]
⑯ 肛門 **ทวารหนัก** [thawaan nàk]
⑰ 生殖器官 **อวัยวะสืบพันธุ์** [awaiyawá sùɯp phan]

第21課　なぜ、どのように、ために

1　なぜ

「なぜ」と理由を尋ねる場合 **ทำไม**[thammai] を使います。答えは **เพราะ(ว่า)**[phrɔ́ wâa] で答えます。

ทำไมเขาไม่มาโรงเรียน　　　　なぜ彼は学校に来ないのですか？
thammai khǎw mâi maa rooŋ riːan

－เพราะว่าเขาต้องไปช่วยทำนา　農耕の手伝いをしなければなら
　phrɔ́ wâa khǎw tɔ̂ŋ pai chûːai tham naa　なかったからです。

ทำไมจะไม่ไปงานศพล่ะ　　　　なぜ葬式に行かないの？
thammai cà mâi pai ŋaan sòp lâ

－เพราะว่าวันนี้ต้องไปงานแต่งงาน
　phrɔ́ wâa wan níi tɔ̂ŋ pai ŋaan tɛ̀ŋ ŋaan
　　　　　　　　　　　　今日結婚式に行かなければならないからです。

ทำไมเหรอ　　　　　　　　　どうかしたの？（話し言葉）
thammai rə̌ə

語句

ทำนา　[tham naa]　耕す（田の仕事をする）
งานศพ　[ŋaan sòp]　葬儀　　**งาน**　[ŋaan]　儀式
เหรอ　[rə̌ə]　疑問詞に付き、疑問に対する確認を表す

練習1

タイ語に訳してください。

① なぜ言わなかったのですか？ ― きっとあなたが悲しむと思ったからです。

② なぜ知らないのですか？　　― 聞きもらしていたからです。

語句

悲しい **เศร้าใจ** [sâw cai]　　聞きもらす **ฟังตก** [faŋ tòk]
＊ รถเมล์ตก [rót mee tòk]　バスが(橋から)落ちる
ตกรถเมล์ [tòk rót mee]　バスに乗り遅れる

理由を述べる関連表現

เขาไปเมืองไทยบ่อยๆ ก็เลยรู้เรื่องหมดเกี่ยวกับเมืองไทย

khǎw pai mɯːaŋ thai bɔ̀i bɔ̀i kɔ̂(ɔ) ləəi rúu rɯ̂ːaŋ mòt kìːaw kàp mɯːaŋ thai

彼はタイにしょっちゅう行く**ので**、タイに関して理解し、知りつくしています。

ผมไม่ได้ดูหนังเรื่องนั้นจึงไม่รู้เนื้อเรื่อง

phǒm mâi dâi duu nǎŋ rɯ̂ːaŋ nán cɯŋ mâi rúu nɯ́ːa rɯ̂ːaŋ

私はその映画を見なかった**ので**、ストーリーを知りません。

เขาทำผิดกฎหมายฉะนั้นต้องเสียค่าปรับ

khǎw tham phìt kòtmǎai chanán tɔ̂ŋ sǐːa khâa pràp

彼は法律違反をし、**そのために**罰金を支払わなければならなくなりました。

อาจารย์เข้มงวดกับนักเรียนมิฉะนั้นจะเรียนต่อลำบาก

aacaan khêm ŋûːat kàp nák riːan mí chanán cà riːan tɔ̀ɔ lambàak

先生は学生に厳しくします。**そうしないと**進級が困難になるからです。

語句

บ่อยๆ [bɔ̀i bɔ̀i]　しょっちゅう、いつも
รู้เรื่อง [rúu rɯ̂ːaŋ]　わかる
เกี่ยวกับ [kìːaw kàp]　に関して
主語＋จึง [cɯŋ]　だから (ก็เลย [kɔ̂ɔ ləəi] よりやや硬い表現)
เนื้อเรื่อง [nɯ́ːa rɯ̂ːaŋ]　話の筋、ストーリー
ผิด [phìt]　違反した (間違った)
กฎหมาย [kòtmǎai]　法律
ค่าปรับ [khâa pràp]　罰金
ฉะนั้น [chanán]　それだから (それゆえ)
เข้มงวด [khêm ŋûːat]　厳しい

> **มิฉะนั้น** [mí chanán]　そうでなければ（**มิ**[mí] は **ไม่**[mâi] の短縮形。**มิใช่**[mi châi] が「メチャイ」に聞こえるのは母音 e と i の間隔が狭いからです→第 1 章第 2 課 **1**）
>
> * **เพราะเหตุนี้**[phrɔ́ hèet níi]「この理由で」、**ด้วยเหตุนี้**[dûːai hèet níi]「こういうわけで」、**ดังนั้น**[daŋ nán]「それゆえ」なども理由を表します。

2　どうですか？

「どうですか？」と尋ねる場合、**อย่างไร**[yàaŋrai] を使います。

โรงละครนี้เป็นอย่างไร　　　　　　この劇場はどうですか？
rooŋ lakhɔɔn níi pen yàaŋrai

— **รู้สึกว่าบรรยากาศไม่เลว**　　　　雰囲気は悪くないと感じました。
　rúu sùk wâa banyaakàat mâi leew

— **ก็ยังงั้นแหละ**　　　　　　　　まあそのようなものです（まあまあです）。
　kɔ̂ɔ yaŋ ŋán lὲ

語句

> **ละคร**　[lakhɔɔn]　劇、演劇
> **บรรยากาศ**　[banyaakàat]　雰囲気
> **เลว**　[leew]　悪い

> 短縮表現を第 10 課で紹介しましたが、会話になるとさらに短縮され、口語調になります。
>
> **อธิบายยังไงดี**　　　　　　　　どう説明すればいいか？
> athíbaai yaŋ ŋai dii

ยังไงก็รีบไปช่วยเขาดีกว่า yaŋ ŋai kɔ̂ɔ rîip pai chûːai kháw dii kwàa	いずれにせよ急いで彼を助けに行った方がいい。(**รีบ**[rîip] 急ぐ)
ภัตตาคารนี้เป็นไง pháttaakhaan níi pen ŋai	このレストランはどう？(**ภัตตาคาร**[pháttaakhaan] レストラン (**ร้านอาหาร**[ráan aahǎan] よりは高級感がある))
นี่ไง บริษัทพี่วิชัย nîi ŋai bɔɔrisàt phîi wichai	これですよ、ウィチャイさんの会社は。
บอกแล้วไงล่ะว่ามันเผ็ด bɔ̀ɔk lɛ́ɛw ŋai lâ wâa man phèt	それは辛いと言ったじゃない。(**ล่ะ**[lâ] (禁止や疑問を強調する文末詞、**มัน**[man] それ (第1課))

3 目的

เพื่อ(ว่า)[phɯ̂ːa(wâa)] は「のため（目的は～）」を表現します。

ทำงานเพื่อเก็บเงิน tham ŋaan phɯ̂ːa kèp ŋən	仕事をするのはお金を貯めるためです。

ผมไปเมืองจีนเพื่อจะขายผ้าไหมไทย
phǒm pai mɯːaŋ ciin phɯ̂ːa cà khǎai phâa mǎi thai

　　　　　私はタイ・シルクを売るために中国へ行きます。

(語句)

เก็บเงิน	[kèp ŋən]	お金を貯める
ผ้าไหม	[phâa mǎi]	シルク

4 特定の人（もの）のために

สำหรับ[sămràp] は特定の人（もの）「のために、にとって」を意味します。

กับข้าวนี้เผ็ดมากไม่เหมาะสำหรับเด็ก
kàp khâaw níi phèt mâak mâi mɔ̀ sămràp dèk

　　このおかず（なんだけど）、とても辛いので子どもにとって不適当です。

นี่ข้าวต้มสำหรับคนไข้　　　　これは病人のためのおかゆです。
nîi khâaw tôm sămràp khon khâi

語句

กับข้าว [kàp khâaw]　おかず
* **กับข้าวนี้**[kàp khâaw níi]「おかず、この種のものは」といったニュアンスがあります。
単に「このおかずは〜」という場合は、**กับข้าวนี้**[kàp khâaw níi] と言います。
เหมาะ [mɔ̀]　適した、ふさわしい
ข้าวต้ม [khâaw tôm]　おかゆ　**คนไข้** [khon khâi]　病人

練習2

เพื่อ[phɯ̂ːa] や **สำหรับ**[sămràp] を使い、タイ語に訳してください。

① ムエタイの練習のためにバンコクへ行きます。

② 金を買うために中華街へ行きます。

③ この薬は大人用です。（**ใช้**[chái]（使う）を使って）

語句

ムエタイ　**มวยไทย** [muːai thai]　（タイ式キックボクシング、タイの伝統古式武術）
練習する　**หัด** [hàt]
金　**ทอง** [thɔɔŋ]

実践　会話V（占師を訪ねる）

今日はヌイが占師のところに行く日でした。
ペットは占いに興味なさそうですが…

นุ้ย เป็ด วันนี้ไปดูหมอกันไหม
núi: pèt wan níi pai duu mɔ̌ɔ kan mǎi

ヌイ：　ペット、今日占いに行かない？

หมอดูคนนี้ดูแม่นนะ
mɔ̌ɔ duu khon níi duu mên ná

この(占師の)先生はよく当たるのよ。

เป็ด ไปดูหมอทำไมเหรอ หมอดูคู่กับหมอเดา เชื่อไม่ได้หรอก
pèt: pai duu mɔ̌ɔ thammai rɤ̌ə mɔ̌ɔ duu khûu kàp mɔ̌ɔ daw chɯ̂ːa mâi dâi rɔ̀ɔk

ペット：占いに行くってどうかしたの？**占師なんてインチキばかり**だから信じちゃだめだよ。（直訳：占師はあてずっぽう師の仲間）

นุ้ย เราชอบไปดูหมอเวลามีเรื่องกลุ้มใจ
raw chɔ̂ɔp pai duu mɔ̌ɔ weelaa mii rɯ̂ːaŋ klûm cai

ヌイ：　私、悩み事があるときよく(占師の)先生のところに行くの。

คุยกับหมอดูแล้วสบายใจขึ้นเยอะเลย
khui kàp mɔ̌ɔ duu lɛ́ɛw sabaai cai khɯ̂n yɤ́ lɤɤi

先生とお話すると、とても気分が楽になるのよ。

เป็ด อย่างนุ้ยเนี่ยเหรอ มีเรื่องกลุ้มใจ
pèt: yàaŋ núi nîːa rɤ̌ə mii rɯ̂ːaŋ klûm cai

ペット：ヌイ(のような性格)でも？悩み事がある(なんて信じられない)。

ถ้านุ้ยไปดูหมอแล้วมิกะจะอยู่กับใครล่ะ
thâa núi pai duu mɔ̌ɔ lɛ́ɛw mika cà yùu kàp khrai lâ

（それより）占いに行ったら、**ミカはどうなるの？**（直訳：ミカは誰と一緒にいるのですか？）

นุ้ย	มิกะอยากไปดูหมอกับนุ้ยด้วย เขาสนใจมาก
núi:	mika yàak pai duu mɔ̌ɔ kàp núi dûːai kháw sǒncai mâak
ヌイ：	ミカもヌイと一緒に占いに行きたがっている（から大丈夫）。とても興味があるって。

เป็ด	มิกะก็ไปเหรอ งั้นผมไปด้วย
pèt:	mika kɔ̂ pai rɤ̌ə ŋán phǒm pai dûːai
ペット：	ミカも行くの？　じゃあ僕も行くよ。

....

นุ้ย	หมอคะ นี่เพื่อน ชื่อมิกะค่ะ
núi:	mɔ̌ɔ khá nîi phɯ̂ːan chɯ̂ɯ mika khâ
ヌイ：	先生、こちら友達のミカです。

มิกะมาเที่ยวเมืองไทยแต่ไม่ค่อยสบาย
mika maa thîːaw mɯːaŋ thai tɛ̀ɛ mâi khɔ̂i sabaai

ミカはタイに遊びに来たのにあまり元気がなく、

ไปหาหมอแล้วก็ไม่หายสักที
pai hǎa mɔ̌ɔ lɛ́ɛw kɔ̂ mâi hǎai sák thii

病院にも行きましたが、いつまでたってもよくならないのです。

หรือว่าไม่ถูกกับเมืองไทยก็ไม่รู้
rɯ̌ɯ wâa mâi thùuk kàp mɯːaŋ thai kɔ̂ mâi rúu

それともタイに合わないのでしょうか、（それも）わかりません…

หมอช่วยดูดวงให้หน่อยนะคะ
mɔ̌ɔ chûːai duu duːaŋ hâi nɔ̀i ná khá

先生、（ミカの）運勢を見てあげてください。

หมอดู	เชิญนั่งก่อน ตามสบายนะมิกะ
mɔ̌ɔduu:	chəən nâŋ kɔ̀ɔn taam sabaai ná mika
占師：	どうぞおかけください、楽にしてくださいね、ミカさん。

บอกวันเดือนปีเกิดมาซิ
bɔ̀ɔk wan dɯːan pii kɤ̀ət maa sii

〈まず〉生年月日から教えてもらいましょうか。

(直訳：生年月日を言ってください)

……………………………………………………………………

หมอดู อ๋อ มิกะเกิดวันอังคาร
mɔ̌ɔduu: ɔ̌ɔ mika kə̀ət wan aŋkhaan

占師： なるほど、ミカ(さん)は火曜日生まれなんだね。

語句

ไป ดูหมอ [pai duu mɔ̌ɔ]　占いへ行く
หมอดู [mɔ̌ɔ duu]　占師
แม่น [mên]　正確な、的中した
คู่กับ [khûu kàp]　とペア（仲間）
เดา [daw]　推量する、カン、あてずっぽう
เชื่อ [chɯ̂ːa]　信じる
เนี่ย [nîːa]　（**นี่** [nîi] の強調（21課 **4** 語句を参照））
กลุ้มใจ [klûm cai]　悩んでいる
หรือว่า [rɯ̌ɯ wâa]　もしくは
ถูกกับ [thùuk kàp]　に合っている
ดวง [duːaŋ]　（円形のものに使う類別詞。ここでは「運勢」という意味（**ดวงดี** [duːaŋ dii] 良運））
ตามสบาย [taam sabaai]　楽にする
วันเดือนปีเกิด [wan dɯːan pii kə̀ət]　生年月日
วันอังคาร [wan aŋkhaan]　火曜日

＊ 生年月日を答えるとき、例えば1985年3月27日生まれなら
วันที่27มีนาคม 1985 [wan thîi yîi sìp cèt miinaakhom phan kâw rɔ́ɔi pɛ̀ɛt sìp hâa] と言いますが、タイでは仏暦を日常的に使います。仏暦は「西暦＋543」で表し、1985年の場合、仏暦2528年になり、**พ.ศ.**2528 と記します。
พ.ศ.[phɔɔ sɔ̌ɔ] は**พุทธศักราช**[phúttha sàkkaràat]（仏暦）の略。

＊ 仏暦は釈迦入滅を起点とします（タイではインド説の543年を採用しています）。

タイ式家屋（地方では１階部分のない本来の高床式が見られる）

◆ 占い ◆

　タイでも占いは盛んです。現地では「よく当たる占師」のランキングを掲載している雑誌もあります。星を基準に運勢を見る **โหราศาสตร์**[hǒoraasàat]（占星術）や中国からきた **ฮวงซุ้ย**[huːaŋsúi]（風水）などが盛んです（**ฮวงซุ้ย**[huːaŋsúi] は「中国人墓地」という意味もあり、これが方位を占う風水と関係がありそうです）。タイ人占師は誕生日の曜日を尋ねます（知らなくても検索表があります）。これはメソポタミアからインドに伝わった占星術の影響と思われ、(中国経由も含め) タイにも伝わったようです。様々な儀式で月の運行を重視する理由もこういった占いの影響なのでしょう。

方向

東	**(ทิศ)ตะวันออก**	[(thít)tawan ɔ̀ɔk]	太陽が出る（方角）
	(ทิศ	[thít]	方角)
西	**(ทิศ)ตะวันตก**	[(thít)tawan tòk]	太陽が沈む（方角）
南	**(ทิศ)ใต้**	[(thít)tâi]	下の（方角）
北	**(ทิศ)เหนือ**	[(thít)nǔːa]	上の（方角）
東南	**ตะวันออกเฉียงใต้**	[tawan ɔ̀ɔk chǐaŋ tâi]	
	(เฉียง	[chǐaŋ]	傾く)

実践　会話Ⅴ　179

第22課　いくらですか？

1 数を尋ねる

「いくらですか？」「いくつですか？」など数値を尋ねる場合は**เท่าไร** [thâw rai] を使います。

สามีคุณอายุเท่าไร săamii khun aayú thâw rai	あなたのご主人の年齢はおいくつですか？
－อายุ๓๐ปี aayú săam sìp pii	30歳です。
ตอนนี้อุณหภูมิเท่าไร tɔɔn níi un(h)aphuum thâw rai	今、何度ですか？
－27 องศา yîi sìp cèt oŋsăa	27度です。

จากนี้ไปสี่แยกปทุมวันใช้เวลาประมาณเท่าไร
càak níi pai sìi yêɛk pathumwan chái weelaa pramaan thâw rai

ここから、パトゥムワン交差点に行く時間はだいたいどれくらいですか？

－ประมาณครึ่งชั่วโมง pramaan khrûŋ chûːa mooŋ	約半時間です。

語句

- **สามี** [săamii] 夫
- **อายุ** [aayú] 年齢
- **อุณหภูมิ** [unhaphuum] 温度
- **องศา** [oŋsăa] （温）度
- **สี่แยก** [sìi yêɛk] 交差点（**แยก** [yêɛk] 分ける、**สามแยก** [săam yêɛk] 三差路）
- **ปทุมวัน** [pathumwan] パトゥムワン（地区名）
- **ประมาณ** [pramaan] 約

📝 練習

タイ語に訳してください。

① このホテルからエメラルド寺院までバスで何分くらいですか？
　　— 渋滞次第です。

② 奥さんの年齢はいくつですか？　—30ちょっとです。

③ この近道を行くと20分早く着きます。

④ 学費はいくらですか？　—1年で5万バーツです。

語句

　エメラルド寺院　**วัดพระแก้ว**　[wát phrá kɛ̂ɛw]
　車の渋滞　**รถติด**　[rót tìt]
　奥さん　**ภรรยา**　[phanrayaa]
　「〜ちょっと」　**กว่า**　[kwàa]　（はっきりした年齢を言いたくないとき
　　30 **กว่า**[sǎam sìp kwàa] のようにも言えます）
　近道　**ทางลัด**　[thaaŋ lát]
　学費　**ค่าเล่าเรียน**　[khâa lâw riːan]
　1年につき　**ต่อปี**　[tɔ̀ɔ pii]

2　単位を表すละ[lá]

「〜につきいくらですか？」の「〜につき」は **ละ**[lá] を用い、　**ละเท่าไร**
[lá thâw rai] と言います。

อัตราแลกเปลี่ยนวันนี้เท่าไร　　　今日の交換レートはいくらです
àttraa lɛ̂ɛk plìːan wan níi thâw rai　　か？

—บาทละ 3.15เยน　　　　　　　1バーツ3.15円です。
　bàat lá sǎam cùt nùŋ hâa yen

ทุเรียนนี้ กิโลละเท่าไร　　　　　このドリアンはキロ当たりいく
thúriːan níi kiloo lá thâw rai　　　　　らですか？

−กิโลละ 300 บาท สองกิโล 500
kiloo lá sǎam rɔ́ɔi bàat sɔ̌ɔŋ kiloo hâa rɔ́ɔi

キロ当たり 300 バーツです、2 キロなら 500（バーツ）です。

เบียร์สดขวดละเท่าไร 生ビールは 1 本いくらですか？
bi:a sòt khù:at lá thâw rai

−ขวดละ 80　ถ้าซื้อ 1 โหลก็ลดให้ 10 เปอร์เซ็นต์
khù:at lá pèɛt sìp thâa sɯ́ɯ nùŋ lǒo kɔ̂ lót hâi sìp pəəsen

1 本 80（バーツ）です、1 ダース買えば 10 パーセント値引きしてあげます。

คนละ 2 บท 1 人 2 役
khon lá sɔ̌ɔŋ bòt

【語句】

อัตรา　[àttraa]　率
แลกเปลี่ยน　[lɛ̂ɛk plìa:n]　交換する（「交換留学生」の「交換」にも使う）
เยน　[yen]　（日本）円　　**โหล**　[lǒo]　ダース
ลด　[lót]　値引く　　**เปอร์เซ็นต์**　[pəəsen]　パーセント
บท　[bòt]　役（**บทบาท** [bòt bàat] 役割、任務、**บทที่ 1** [bòt thîi nɯ̀ŋ]（第 1 課））

＊小数点は**จุด**[cùt]と読みます

3　名詞の省略

名詞＋類別詞＋指示詞（第 12 課 3）の名詞は省略され、類別詞が代名詞のような働きをします（次の会話を参考に。A は客、B は店員です）。

หนังสือเล่มนี้เท่าไร この本はいくらですか？
nǎŋsɯ̌ɯ lêm níi thâw rai

−เล่มไหน どの本ですか？
lêm nǎi

เล่มสีแดง lêm sǐi dɛɛŋ	赤色のです。
−**เล่มละ 300** lêm lá sǎam rɔ́ɔi	1冊300（バーツ）です。
3 เล่ม 700 ได้ไหม sǎam lêm cèt rɔ́ɔi dâi mǎi	3冊で700（バーツ）にできますか？
−**ไม่ได้ ขาดทุน** mâi dâi khàat thun	だめです、損します。

【語句】

ขาดทุน [khàat thun] 損をする（**ขาด**[khàat] 欠ける、**ทุน**[thun] 資金）

4　ก็[kìi] の用法

ก็[kìi] を使い「何人」「何回」「何時（間）」などを尋ねることができます。**เท่าไร**[thâw rai] と違い、**ก็**[kìi] の直後は類別詞や単位を表す語を続けます。

คุณมีลูกกี่คน khun mii lûuk kìi khon	子どもは何人いますか？
−**ดิฉันมีลูก 2 คน** dichǎn mii lûuk sɔ̌ɔŋ khon	ふたりいます。
กินข้าววันละกี่มื้อ kin khâaw wan lá kìi mɯ́ɯ	食事は1日に何食ですか？
−**วันละสามมื้อ** wan lá sǎam mɯ́ɯ	1日3食です。

【語句】

มื้อ [mɯ́ɯ] （1日3）食

第22課　いくらですか？　183

話し手が「多い」と感じた場合 **ตั้ง**[tâŋ]、少ないと感じた場合 **แค่**[khêɛ]、ひとつだけを強調する場合**เดียว**[di:aw] を使います。

คนนี้อาศัยอยู่เชียงใหม่ตั้งหลายปี
khon níi aasǎi yùu chi:aŋmài tâŋ lǎai pii

この人はチェンマイに長年居住しています。

มีคนเข้าใจภาษาไทยแค่3คน
mii khon khâw cai phaasǎa thai khêɛ sǎam khon

タイ語がわかるのは3人しかいません。

(เอา)อย่างเดียวหรือ
(aw) yàaŋ di:aw rɯ̌ɯ

(いるのは)ひとつだけですか？
(これだけですか？)

語句

อาศัย [aasǎi] 居住する (ที่อาศัย[thîi aasǎi] 拠り所、頼るところ)

หลาย[lǎai] ＋名詞 多くの

＊ เดียว[di:aw] と เดี่ยว[dìːaw]

　มาคนเดียว[maa khon di:aw] ひとりで来る（大勢に対してのひとり、ひとつ）

　มาเดี่ยว[maa dìːaw] ひとりで来る（ペアのうちのひとり、ひとつ）（มาคนเดี่ยว[maa khon dìːaw] は不可）

モン族の子どもたち

第23課　させる、される

(Track 61)
(①と⑤のみ)

1　させる

「AがBに～(動詞)させる」という場合は「～させる」という意味の **ให้**[hâi] を使い、 A **ให้**[hâi] B＋動詞 の順に並べます。

คุณพ่อให้พี่ชายช่วยทำไร่
khun phɔ̂ɔ hâi phîi chaai chûːai tham râi

お父さんはお兄さんに畑仕事をさせました。

ไม่น่าจะปล่อยให้งบประมาณนี้ผ่านไป
mâi nâa cà plɔ̀ɔi hâi ŋóppramaan níi phàan pai

この予算を勝手に通させるべきではありません。

ดิฉันไม่อยากให้สามีทานอาหารเค็มๆ
dichǎn mâi yàak hâi sǎamii thaan aahǎan khem khem

私は主人に塩辛い食事をさせたくないです。

語句

ไร่ [râi]　畑　(**ทำไร่**[tham râi] 畑仕事をする)
ปล่อย [plɔ̀ɔi]　放つ、放任する、放っておく
งบประมาณ [ŋóppramaan]　予算
ผ่าน [phàan]　通過する、通り過ぎる　　**เค็ม** [khem]　塩辛い

2　命じる、頼む

「AがBに～(動詞)するよう言う(命じる、頼む　など)」は次のように言います。

①　A **บอก**[bɔ̀ɔk] (**สั่ง**[sàŋ]、**ขอร้อง**[khɔ̌ɔ rɔ́ɔŋ]) **ให้**[hâi] B ＋動詞
②　A **บอก**[bɔ̀ɔk] (**สั่ง**[sàŋ]、**ขอร้อง**[khɔ̌ɔ rɔ́ɔŋ]) B **ให้**[hâi] ＋動詞

どちらの言い方も同じですが、②の方がやや強い言い方になります。

เขาบอกให้ผมไปฝากเงินที่ธนาคาร
khǎw bɔ̀ɔk hâi phǒm pai fàak ŋən thîi thanaakhaan

　　　　　　　　　彼は私に銀行へお金を預けに行くように言った。

เขาขอร้องให้แม่ซื้อรถยนต์
khǎw khɔ̌ɔ rɔ́ɔŋ hâi mɛ̂ɛ súɯ rótyon

彼は母に頼んで自動車を一台買ってもらった。

語句

ฝาก [fàak]　預ける　　　　**ฝากเงิน** [fàak ŋən]　預金する
ขอร้อง [khɔ̌ɔ rɔ́ɔŋ]　お願いする

* 上例の否定「しないように言う（命じる、頼む）」は **ให้**[hâi] の前に **ไม่**[mâi] を置きます。

เขาบอกไม่ให้ผมถอนเงินที่ธนาคาร
khǎw bɔ̀ɔk mâi hâi phǒm thɔ̌ɔn ŋən thîi thanaakhaan

　　　　　彼は私に銀行でお金を引き出さないように言った。
　　　　　　　（**ถอน** [thɔ̌ɔn]　引き出す、取り消す、（歯を）抜く）

คุณแม่ขอร้องคุณพ่อไม่ให้กลับบ้านดึกๆ
khun mɛ̂ɛ khɔ̌ɔ rɔ́ɔŋ khun phɔ̂ɔ mâi hâi klàp bâan dùk dùk

　　　　　　　　　母は父に夜遅く帰宅しないよう頼んだ。
　　　　　　　（**ดึก** [dùk]　夜遅く）

3　ให้[hâi] の用法のまとめ

　ให้[hâi] は「与える、あげる」という意味の動詞ですが、それ以外の3用法を整理しておきましょう。

① **ให้**[hâi] ＋名詞	「～（名詞）に～（してあげる）」	
② **ให้**[hâi] ＋形容詞	「～（形容詞）になるように」	
③ **ให้**[hâi] ＋動詞	「～（動詞）させる」	

① ทำอาหารให้คนพิการ 障がい者に料理をつくって(差し)
　tham aahǎan hâi khon phíkaan **あげる**。

② ทำอาหารให้อร่อย おいしく(**なるよう**)料理をつくる。
　tham aahǎan hâi arɔ̀i

③ ทำอาหารให้กิน 料理を作って食べ**させる**。
　tham aahǎan hâi kin

語句

　พิการ　[phíkaan]　障がいを持った
　ทำอาหาร　[tham aahǎan]　食事を作る

4　原因と結果

　A **ทำให้**[tham hâi] B　は「A(原因)によってBという結果になった」という意味です。Aの部分は単語でも文でも構いません。

น้ำท่วมทำให้การจราจรติดขัด
nám thûːam tham hâi kaan caraacɔɔn tìt khàt

　　　　　　　洪水によって交通渋滞(交通マヒ)になった。

เพราะคุณทีเดียวทำให้ทุกคนลำบากลำบน
phrɔ́ khun thii diːaw tham hâi thúk khon lambàak lambon

　　　　　　　まったくあなたのせいで、みんなは困っている。

語句

　จราจร　[caraacɔɔn]　交通　　**ติดขัด**　[tìt khàt]　詰まる
　เพราะ　[phrɔ́]　のため、のせい
　ทีเดียว　[thii diːaw]　まったく(完全な、1回)
　ลำบากลำบน　[lambàak lambon]　困窮する

第23課　させる、される　　187

5 される

「される」という受け身表現がタイ語にもあります。好ましくない状況に遭遇する(した)場合に使います。

受け身文＝ A 動詞 B （AはBに(動詞)する）
⇩
⇨ B **ถูก**[thùuk] A 動詞 （BはAに(動詞)**される**）

ดิฉันถูกยุงกัด
dichǎn thùuk yuŋ kàt

私は蚊にさされた。

แฟนดิฉันถูกส่งไปสนามรบ
fɛɛn dichǎn thùuk sòŋ pai sanǎam róp

私の恋人が戦場に送られた。

語句

ยุง [yuŋ] 蚊　　　　　　　**กัด** [kàt] 噛む
สนามรบ [sanǎam róp] 戦場（**รบ**[róp] 戦う）

クワイ川の鉄橋

第24課　しているところ

1　進行の表現

กำลัง[kamlaŋ] ～ **อยู่**[yùu] で動作の進行を表します。

น้องชาย กำลังอาบน้ำอยู่
nɔ́ɔŋ chaai kamlaŋ àap nám yùu

弟は水浴びをしているところです。

คุณฟังเพลงอะไรอยู่
khun faŋ phleeŋ arai yùu

あなたは何の歌を聞いているところですか？

กำลัง[kamlaŋ] の否定は **ไม่ได้**[mâi dâi] ＋動詞です（**ไม่ กำลัง**[mâi kamlaŋ] ではありません）。

เขากำลังทำการบ้านอยู่หรือเปล่า
khǎw kamlaŋ tham kaan bâan yùu rǔɯ plàw

彼は宿題をしているところですか？

－**ไม่ได้ทำ　กำลังอ่านการ์ตูนอยู่**
mâi dâi tham　kamlaŋ àan kaatuun yùu

していません。マンガを読んでいるところです。

語句

อาบน้ำ　[àap nám]　水浴びをする
＊タイ人は日に数回水浴びをします。
การบ้าน　[kaan bâan]　宿題　　**การ์ตูน**　[kaatuun]　漫画

2　まだ

第16課でみた「まだ」を表す **ยัง**[yaŋ] を使い、**ยัง**[yaŋ] ～ **อยู่**[yùu] とすれば、「まだ～している」と動作や状態が以前から継続していることを表します。

รุ่นพี่ยังเขียนเรียงความอยู่　　　先輩はまだ作文を書いています。
rûn phîi yaŋ khǐːan riːaŋ khwaam yùu

รุ่นน้องยังอ่านนวนิยายอยู่　　　後輩はまだ小説を読んでいます。
rûn nɔ́ɔŋ yaŋ àan nawaníyaai yùu

(語句)

รุ่นพี่ ［rûn phîi］ 先輩
เรียงความ ［riːaŋ khwaam］ 作文（する）
นวนิยาย ［nawaníyaai］ 小説　　**รุ่นน้อง** ［rûn nɔ́ɔŋ］ 後輩

3　しようとしているところ

กำลังจะ［kamlaŋ cà］で「しようとしているところ」を表します。

ดิฉันกำลังจะไปร้านเสริมสวย　　　私は美容院に行くところです。
dichǎn kamlaŋ cà pai ráan sɤ̌ɤm sǔai

เงินกำลังจะหมด　　　お金が（今にも）なくなりそうだ。
ŋən kamlaŋ cà mòt

「なくなる」という場合、 หมด［mòt］＋抽象名詞・具象名詞＋ หมด［mòt］ という語順になります。

　หมดอายุ ［mòt aayú］ 時効になる、期限が切れる
　กระเป๋าหมด ［krapǎw mòt］ かばんがなくなった（売り切れた）。
＊ **หมดกระเป๋า**［mòt krapǎw］ かばんの中が空になった（お金がない）。

4　状態に関する関連表現

ทำอาหารเกือบเสร็จแล้ว　　　もう少しで食事を作り終えます。
tham aahǎan kɯ̀ap sèt lɛ́ɛw　　　（まだ作り終えていない）

　　　　　　　　　　　　　　（**เกือบ**［kɯ̀ap］ もう少しで）

ดอกบัวใกล้จะบาน　　　　　　蓮の花が**もうすぐ**咲きそうです。
dɔ̀ɔk buːa khlâi cà baan　　　（**ใกล้จะ**[khlâi cà] もうすぐ）

เพิ่งกลับมาจากญี่ปุ่นเมื่อคืนนี้　　昨夜日本から帰ってきた**ばかり**です。
phə̂ŋ khlàp maa càak yîipùn mɯ̂ːa khɯɯn níi

　　　　　　　　　　　　　　　（**เพิ่ง**[phə̂ŋ] したばかり）

（語句）

　　ดอกบัว　[dɔ̀ɔk buːa]　蓮の花
　　บาน　[baan]　咲く

　＊ เกือบไปแล้ว [kɯ̀ːap pai lɛ́ɛw] あぶなかった！（バスに乗り遅れそうになったときなど）

（練習）

กำลัง[kamlaŋ] や ยัง[yaŋ] などを使い、タイ語に訳してください。

① 彼はタイ文字を読む練習をしているところです。

② 兄はまだ太っています。

③ 雨が(今にも)降りそうです。

（語句）

　　文字　**ตัวหนังสือ**　[tuːa nǎŋsɯ̌ɯ]
　　太っている　**อ้วน**　[ûːan]

仏像に水をかけ、旧年の行いを清める

実践　会話 VI（旅の計画）

占いの結果が気になりますが…

หมอดู　ตอนนี้ดวงไม่ค่อยดีนะ
mɔ̌ɔduu: tɔɔn níi duːaŋ mâi khôi dii ná
占師：　今、運勢があまり良くないですね。

พระศุกร์เข้าพระเสาร์แทรก
phrásùk khâw phrásǎw sɛ̂ɛk

星の位置関係が悪いのだよ…
（直訳：金星が接近しているが土星が（ミカの運勢の）邪魔をしています）

ปีนี้มิกะกำลังจะมีเคราะห์ ทำอะไรก็ไม่สำเร็จ
pii níi mika kamlaŋ cà mii khrɔ́ tham arai kɔ̂ mâi sǎmrèt

今年ミカ（さん）は何をやってもうまくいかない星回りにいます。
（直訳：今年ミカは何をやっても成功しない運を持ち続けることになっているのだよ）

แต่อีกไม่นานก็จะหมดเคราะห์แล้วล่ะ
tɛ̀ɛ ìik mâi naan kɔ̂ɔ cà mòt khrɔ́ lɛ́ɛw lâ

しかし、もうすぐその（悪）運も去っていきますよ。
（直訳：なくなって）

………………………………………………………

นุ้ย　หมอให้สายสิญจ์มาผูกข้อมือด้วย
mɔ̌ɔ hâi sǎai sǐn maa phùuk khɔ̂ɔ mɯɯ dûːai
ヌイ：　先生は魔除けの（聖）糸を与え（ミカの）手首に結び、

และบอกให้ฉันพามิกะไปสะเดาะเคราะห์ทางทิศใต้
lɛ́ bɔ̀ɔk hâi chǎn phaa mika pai sadɔ̀ khrɔ́ thaaŋ thít tâi

ミカを連れて南の方角へ開運に行かせるように言っていたわ。

เป็ด　จริง เหรอ งั้นไปเที่ยวชะอำกันมั้ยล่ะ
pèt: ciŋ rɤ̌ɤ ŋán pai thîːaw cha am kan mái lâ
ペット：本当に？　それなら、チャアムへ遊びに行こうか？

อยู่ทางทิศใต้พอดีเลย ผมมีเพื่อนอยู่ที่นั่นด้วย
yùu thaaŋ thít tâi phɔɔ dii ləəi phǒm mii phŵːan yùu thîi nân dûːai

ちょうど南の方角じゃない。あそこには友達もいる(から)。

แล้วเราพามิกะไปทำบุญที่วัดแถวๆนั้นกัน
lɛ́ɛw raw phaa mika pai tham bun thîi wát thěw thěw nán kan

それから、あの辺りのお寺にミカを連れて一緒にタンブンしよう。

นุ้ย ดีเหมือนกัน มิกะเที่ยวอยู่แต่ในกรุงเทพฯ
núi: dii mǔːan kan mika thîːaw yùu tɛ̀ɛ nai kruŋthêep

ヌイ： いいわね、ミカはバンコクしか観光していなかったのよ。

ยังไม่เคยไปต่างจังหวัดเลย
yaŋ mâi khəəi pai tàaŋ caŋwàt ləəi

まだ地方へ全然行っていなかったの。

เป็ด มิกะจะกลับญี่ปุ่นเมื่อไรเหรอ
pèt: mika cà klàp yîipun mŵːa rai rə̌ə

ペット： ミカはいつ日本に帰るんだい？

นุ้ย อีก 3 วันก็จะกลับแล้ว
núi: ʔìik sǎam wan kɔ̂ɔ cà klàp lɛ́ɛw

ヌイ： あと3日で帰ってしまうのよ。

เป็ด อ้าวทำไมรีบกลับล่ะ
pèt: ʔâaw thammai rîip klàp lâ

ペット： えっ、どうしてそんなに早く帰るの？

ยังไม่อยากให้กลับเลย
yaŋ mâi yàak hâi klàp ləəi

まだ帰ってほしくないよ。　（直訳：まだ帰らせたくない）

นุ้ย เขาลางานมาได้แค่นี้
núi: khǎw laa ŋaan maa dâi khɛ̂ɛ níi

ヌイ： 彼女が休暇を取れるのはこれだけなの。

実践　会話 VI　193

เป็ด	แล้วจะมาอีกเมื่อไรล่ะ
pèt:	lɛ́ɛw cà maa ìik mûːa rai lâ

ペット： (ミカは)いつまた(タイに)来るの？

นุ้ย	คงไม่มาแล้วมั้ง
núi:	khoŋ mâi maa lɛ́ɛw máŋ

ヌイ： (もう)**来ないんじゃない。**
(直訳：きっと来なくなってしまうでしょう)

เป็ด	ผมคงคิดถึงมิกะแย่เลย
pèt:	phǒm khoŋ khít thǔŋ mika yɛ̂ɛ ləəi

ペット： ミカのことが恋しくなって、耐えられなくなっちゃうよ！

นุ้ย	คำก็มิกะสองคำก็มิกะ!
núi:	kham kɔ̂ mika sɔ̌ɔŋ kham kɔ̂ mika

ヌイ： ひと言言えばミカ、ふた言目もミカのことばかり！

เราก็อยู่ที่นี่ทั้งคนไม่เห็นเป็นห่วงบ้างเลย
raw kɔ̂(ɔ) yùu thîi nîi tháŋ khon mâi hěn pen hùːaŋ bâaŋ ləəi

私のことなんて**何も心配してくれないのね。**
(直訳：私もここに一緒にいるのに、全然心配しているように見えない)

เป็ด	ว่าไงนะ
núi:	wâa ŋai ná

ペット： (えっ？)何か言った？

語句

เข้า [khâw] 入る、接近する
พระศุกร์ [phrásùk] 金星   **พระเสาร์** [phrásǎw] 土星
* 占星術において金星は「(愛情や仕事に) 幸運をもたらす星」、土星は「(人間関係などが原因で) 幸運を圧迫する星」(万国共通)
แทรก [sɛ̂ɛk] 介入する
พระศุกร์เข้าพระเสาร์แทรก [phrásùk khâw phrásǎw sɛ̂ɛk] 運勢の悪いときに使うタイ語の慣用表現。占いを知らない人もこの表現をよく使います。

อีกไม่นาน [ʔìk mâi naan] 　近いうちに
เคราะห์ [khrɔ́] 　運（運命）
สายสิญจ์ [sǎai sǐn] 　魔よけ糸（聖糸）
ผูก [phùuk] 　結ぶ
ข้อมือ [khɔ̂ɔ mɯɯ] 　手首（**ข้อ**[khɔ̂ɔ] 関節）
สะเดาะ [sadɔ̀] 　追い払う
สะเดาะเคราะห์ [sadɔ̀ khrɔ́] 　運を追い出す（今年はミカの運勢が悪いため「開運に行く」と訳しています）
ชะอำ [cha am] 　チャアム（バンコクから車で南へ約3時間くらいのところにあるリゾート地。途中、塩田が見られる）
มั้ย [mái] 　(=**ไหม**[mǎi] の話し言葉)
แถวนี้ [thěw níi] 　このあたり
แต่ [yùu tɛ̀ɛ] 　（本文では「バンコクしか観光していない」）
* 動詞＋**แต่**[tɛ̀ɛ]「〜しか（動詞しない）」**กินแต่เบียร์**[kɪn tɛ̀ɛ bɪːa] ビールしか飲まない
ต่างจังหวัด [tàaŋ caŋwàt] 　地方
จะกลับแล้ว [cà klàp lɛ́ɛw] 　既に帰ってしまっている（だろう）
รีบกลับ [rîip klàp] 　早く帰る（直訳は「急いで帰る」。「早く帰る」場合にもこの表現を使う）
ลางาน [laa ŋaan] 　休暇を取る
คิดถึง [khít thɯ̌ŋ] 　想う（英語の *I miss you*）
แย่ [yɛ̂ɛ] 　面倒な、困る、調子がよくない
เลย[ləəi] 　ずっとその状態が続く（第29課）
คำก็[kham kɔ̂(ɔ)] A **สองคำก็** [sɔ̌ɔŋ kham kɔ̂(ɔ)] A 　ひと言目も A、ふた言目も A
ทั้ง [tháŋ] 　（私）も一緒に
เป็นห่วง [pen hùːaŋ] 　心配する
ว่าไง [wâa ŋai] 　何か言った？、何？

ここではペットが（ヌイを介して）「次はいつ来るの？」と聞いていますが、時々会う知人や初対面でも気の合った人なら**เมื่อไรจะกลับมา**[mɯ̂ːarai cà klàp maa]（直訳：いつ帰ってくるの？）という表現をよく使います。タイ人の気質を表す慣用句のひとつであり、別れ際にこの台詞を言われると、タイへの親近感が増すと思います。

ローイクラトン（灯籠流し）

◆ タイの精霊信仰　ピーとクワン ◆

　ผี[phǐi]（ピー）は霊魂の「霊」に近い存在です。かつては「善霊」「悪霊」双方がいましたが、善霊はいつの間にかヒードゥー教や仏教の守護神となって神格化されました。悪霊の方は種類が豊富です。その基本が死霊であり、ピーは現代タイ人にとって「怖いもの（お化け）」というイメージになりました。ピーを恐れ、白い綿糸を手首に巻く古来からの習慣も、それに依るものです。悪霊に悟られないよう、生まれた子を「鳥ちゃん」「豚ちゃん」などと呼びます。これがタイのチューレン（ニックネーム）の由来と言われます。一方、霊魂の「魂」に近いのが**ขวัญ**[khwǎn]（クワン）です。タイ人は体内に存在するクワンをいかに強化し、悪霊から身を守るかを重視します。クワンは生後3日目に体内に入り発育し、クワンが体内から出ていくと病気になると言われています。**ขวัญ**[khwǎn]には五穀豊穣という意味もあり、「プレゼント」を**ของขวัญ**[khɔ̌ŋ khwǎn]、「恋人」を別の言い方で**ขวัญใจ**[khwǎn cai]と言うところからも、クワンと生活との密接な関係が想像されます。

第25課　前置詞1（場所、時間）

Track 64

1　から（場所、原材料の場合）　จาก[càak]

บ้านผมห่างจากสถานี
bâan phǒm hàaŋ càak sathǎanii

私の家は駅から離れています。

ขนมปังทำจากแป้งสาลี
khanǒm paŋ tham càak pêɛŋ sǎalii

パンは小麦粉から作られています。

2　まで　ถึง[thǔŋ]

ผมจะพักที่นี่ถึงเดือนหน้า
phǒm cà phák thîi nîi thǔŋ dɯːan nâa

私はここに来月まで滞在します。

ช่วยส่งเอกสารนี้ให้ถึงมือคุณวิชัยด้วยนะ
chûːai sòŋ èekasǎan níi hâi thǔŋ mɯɯ khun wichai dûːai ná

この書類をウィチャイさんの手元まで送ってあげてくださいね。

3　AからBまで　จาก[càak] A ถึง[thǔŋ] B

จากอนุสาวรีย์ถึงลาดพร้าว๗๖ใช้เวลาเท่าไร
càak anúsǎawarii thǔŋ lâatphráaw cèt sìp hòk chái weelaa thâw rai

アヌッサワリー（記念塔）からラートプラーオ通り76まで、どのくらい時間がかかりますか？

* メイン通りから入る小道・脇道をソーイ（**ซอย**[sɔɔi]）と言います。上の例はラートプラーオ通りソーイ76番のこと。
* **ถึง**[thǔŋ] の代わりに **ไป**[pai]（行く）を使うこともできます。

จากอนุสาวรีย์ไปลาดพร้าว๗๖ใช้เวลาเท่าไร
càak anúsǎawarii pai lâatphráaw cèt sìp hòk chái weelaa thâw rai

アヌッサワリー（記念塔）からラートプラーオ通り76まで**行くのに**、どのくらい時間がかかりますか？

4 時を表す「から」

時を表す「から」は、**จาก**[càak] ではなく、**ตั้งแต่**[tâŋ tɛ̀ɛ] を使います。

แผนกนี้มีประชุมตั้งแต่๙โมงครึ่งถึง๑๐โมงทุกวัน
phanὲɛk níi mii prachum tâŋ tὲɛ kâw mooŋ khrŵŋ thǔŋ sìp mooŋ thúk wan

この部署では毎日9時半から10時まで会議があります。

ตั้งแต่นั้นมาเขาสนใจวรรณคดีไทย
tâŋ tɛ̀ɛ nán maa kháw sǒncai wannakhadii thai

それ以来彼はタイ文学に興味を持ちました。

5 AとBの間 ระหว่าง[rawàaŋ] A และ[lɛ́]（または กับ[kàp]）B

จังหวัดนครสวรรค์อยู่ระหว่างอุทัยธานีและกำแพงเพชร
caŋwàt nakhɔɔnsawǎn yùu rawàaŋ ùthaithaanii lɛ́ kamphɛɛŋphét

ナコーンサワン県はウタイターニーとカンペーンペットの間にあります。

รถเมส์เบอร์59ไปกลับระหว่างสนามหลวงกับรังสิต
rótmee bəə hâa sìp kâw pai klàp rawàaŋ sanǎamlǔaŋ kàp raŋsìt

59番のバスは王宮前広場とランシットの間を往復（行き来）します。

* 「AからB（に至るまでの時間）」は **ระหว่าง**[rawàaŋ] A **ถึง**[thǔŋ] B のように **ถึง**[thǔŋ] を使います。

ผมจะอยู่ที่บริษัทระหว่าง๑๐โมงถึง๔โมง
phǒm cà yùu thîi bɔɔrisàt rawàaŋ sìp mooŋ thǔŋ sìi mooŋ

私は10時から4時まで会社にいます。

6 通じて　ตลอด[talɔ̀ɔt]

เมืองไทยร้อนตลอดปี　　　　タイは年中暑い。
mɯːaŋ thai rɔ́ɔn talɔ̀ɔt pii

語句

1. ห่าง　[hàaŋ]　離れている
   ขนมปัง　[khanǒm paŋ]　パン（パンはタイではお菓子扱いです）
   แป้ง　[pɛ̂ɛŋ]　粉
   สาลี　[sǎalii]　麦
2. เอกสาร　[èekasǎan]　書類
3. อนุสาวรีย์　[anúsǎawarii]　記念塔
   ลาดพร้าว　[lâatphráaw]　ラートプラーオ（道路名）
4. แผนก　[phanɛ̀ɛk]　部署、部門
   ประชุม　[prachum]　会議
   ตั้งแต่นั้นมา　[tâŋ tɛ̀ɛ nán maa]　それ以来
   สนใจ　[sǒncai]　興味がある
   วรรณคดี　[wannakhadii]　文学
5. นครสวรรค์　[nakhɔɔnsawǎn]　ナコーンサワン（県名）
   อุทัยธานี　[ùthaithaanii]　ウタイターニー（県名）
   กำแพงเพชร　[kamphɛɛŋphét]　カンペーンペット（県名）
   เบอร์　[bəə]　番号
   ไปกลับ　[pai klàp]　往復する
   สนามหลวง　[sanǎamlǔːaŋ]　王宮前広場

水掛け祭り

―◆ チェンマイへの旅 ◆―
　バンコクから国道 1 号線パホンヨーティン通り（**ถนนพหลโยธิน** [thanǒn phahǒnyoothin]）を長距離バスで北進すると、チェンマイへ行けます。途中、例文で出てきたナコーンサワン県やカンペーンペット県を通り、やがてチェンマイへ着けば「ランナータイへようこそ」の看板を目にします。中国雲南省まであとわずかです。雲南はタイ食文化（米・茶・味噌・醤油など）のルーツで、今でもタイ族の村があり、言葉もタイ・ルー語が通じます。チェンマイでよく見かける特殊文字はタイ・ルー族の使うタイ・ルー（ランナー）文字です。長距離バスは **บ. ข. ส.** [bɔɔ khɔ̌ɔ sɔ̌ɔ][ボーコーソー] と言い、**บริษัท ขน ส่ง จำกัด** [bɔɔrisàt khǒn sòŋ camkàt]（直訳：運搬株式会社）の略です。地方で長距離バスターミナルへ（トゥク・トゥクなどで）行くとき、「パイ（行く）・ボーコーソー」と告げてください。

実践　会話Ⅶ（チャアムにて）

ミカの滞在も残すところあと3日です。
チャアムの旅は楽しかったでしょうか？

นุ้ย　ตกลงเป็ด จะพาเรากับมิกะไปเที่ยวชะอำใช่ไหม?
　　　tòk loŋ pèt cà phaa raw kàp mika pai thîːaw cha am châi mǎi

ヌイ：　ペットが私とミカをチャアムに連れて行ってくれるということで決まりね。

เป็ด　อืม ขับรถไปกัน
pèt:　ɯɯm khàp rót pai kan

ペット：　もちろん。車で行こう。

แล้วก็ค้างที่ชะอำสัก 2 คืนดีไหม
lɛ́ɛw kɔ̂ kháaŋ thîi cha am sák sɔ̌ɔŋ khɯɯn dii mǎi

それからチャアムには2泊でいい？

นุ้ย　ดีเลย ขอบใจจ๊ะ เป็ด
núi:　dii ləəi khɔ̀ɔp cai cá pèt

ヌイ：　いいよ、ありがとうね、ペット。

เป็ด　ยินดีครับผม! เตรียมตัวไว้นะ
pèt:　yin dii khráp phǒm triːam tuːa wái ná

ペット：　喜んで！　準備しておいてね。

แล้วผมจะไปรับตอน 10 โมง
lɛ́ɛw phǒm cà pai ráp tɔɔn sìp mooŋ

それから10時頃迎えに行くからね。

นุ้ย　โอเค เรากับมิกะจะคอยนะ
núi:　ookhee raw kàp mika cà khɔɔi ná

ヌイ：　オッケー、ミカも私も楽しみにしているわ。
　　　（直訳：待っています）

เป็ด	เจอกันพรุ่งนี้นะ
pèt:	cəə kan phrûŋ níi ná

ペット： それじゃまた明日。　（直訳：明日会いましょう）

....

เป็ด	นุ้ย ไม่ไปว่ายน้ำเหรอ
pèt:	núi mâi pai wâai nám rə̌ə

ペット： ヌイ、泳ぎに行かないの？

นุ้ย	เป็ด อยากจะว่ายน้ำกับมิกะใช่ไหมล่ะ
núi:	pèt yàak cà wâai nám kàp mika châi mǎi lâ

ヌイ： ペット、ミカと一緒に泳ぎたいのでしょう？

มิกะบอกว่าที่นี่อากาศดี ทะเลก็สวย
mika bɔ̀ɔk wâa thîi nîi aakàat dii thalee kɔ̂ sǔ:ai

ミカが言ってたわ、ここは気候もよく、海もきれいで

ผู้คนไม่พลุกพล่านเหมือนกรุงเทพฯ
phûu khon mâi phlúk phlâan mǔ:an kruŋthêep

人はバンコクのようにせかせかしていない。

ละก็สบายใจขึ้นแล้ว
lá kɔ̂ sabaai cai khûn lɛ́ɛw

それで気持ちがとても楽になったんだわ。

เป็ด	จริงนะ อยู่กับธรรมชาติดีกว่า
pèt:	ciŋ ná yùu kàp thammachâat dii kwàa

ペット： そうだね、自然と一緒に暮らした方がいいからね。

นุ้ย	ไม่ใช่แค่นั้นนะ
	mâi châi khɛ̂ɛ nán ná

ヌイ： それだけじゃないみたい。

ดูเหมือนมิกะจะหัดพูดไทยกับเพื่อนเป็ดด้วย
duu mǔ:an mika cà hàt phûut thai kàp phɯ̂:an pèt dû:ai

ミカはまるでペットの友達と、タイ語を話す練習をしているように見

えるわ。

ฉันไม่เคยเห็นมิกะสนุกแบบนี้เลย
chǎn mâi khəəi hěn mika sanùk bɛ̀ɛp níi ləəi

私、こんなに楽しそうなミカを見たことがない。

เออ เป็ด ฉันว่าจะเปลี่ยนงาน
əə pèt chǎn wâa cà plìan ŋaan

ねえ、ペット、私仕事を変えたいと思うの。

เป็ด	**ไม่ชอบทำงานบริษัทเหรอ**
pèt:	mâi chɔ̂ɔp tham ŋaan bɔɔrisàt rə̌ə

ペット：会社の仕事が嫌になったの？

นุ้ย	**ฉันอยากจะทำงานเป็นไกด์พาคนต่างชาติไป**
núi:	chǎn yàak cà tham ŋaan pen kái phaa khon tàaŋ châat pai

ヌイ：私、ガイドの仕事をして外国の人を連れて、

ดูความสวยงามของเมืองไทย
duu khwaam sǔai ŋaam khɔ̌ɔŋ mɯːaŋ thai

タイのいいところを見てもらいたい。

เป็ด เปลี่ยนงานดีไหม
pèt plìan ŋaan dii mǎi

ペット、仕事変えていい（と思う）？

เป็ด	**มาถามผมทำไมล่ะ ไปถามหมอเดาดูซิ**
pèt:	maa thǎam phǒm thammai lâ pai thǎam mɔ̌ɔ daw duu sí

ペット：なんで俺に聞くの？　（あの）**インチキ**に聞きに行ってみなよ。

（直訳：あてずっぽう（占師））

ว่าแต่ว่ามิกะกับนุ้ย รู้จักกันได้ยังไง?
wâa tɛ̀ɛ wâa mika kàp núi rúucàk kan dâi yaŋ ŋai

ところでミカとヌイはどうやって知り合いになったの？

実践　会話Ⅶ　203

ยังไม่ได้ถามเลย
yaŋ mâi dâi thăam ləəi

まだ全然聞いてなかったね…

นุ้ย เราเรียนรุ่นเดียวกัน ที่ ธรรมศาสตร์
núi: raw ri:an rûn di:aw kan thîi thammasàat

ヌイ： 私たちはタマサート（大学）で同級生だったのよ。

เป็ด กับมิกะเหรอ？
pèt: kàp mika rɘ̌ə

ペット： （タイ語のわからない）ミカと？

นุ้ย ไม่ใช่ รุ่นเดียวกันกับสามี มิกะ
núi: mâi châi rûn di:aw kan kàp săamii mika

ヌイ： 違うわよ、ミカのご主人と同級生だったの！

เป็ด หา ว่าไงนะ
pèt: hă̆a wâa ŋai ná

ペット： なにそれ！本当？
（直訳：えー、何だって？）

語句

ตกลง [tòk loŋ] 合意する
ค้าง [kháaŋ] （ここでは）泊まる
＊1泊の「泊」はタイ語で**คืน**[khɯɯn]（夜）といいます。
จ๊ะ[cá] (**นะ**[ná] より、さらにやわらかな語)
ยินดีครับผม[yin dii khráp phŏm] 承りました（サービス業やホテルマンなどが使う表現）
เตรียม [tri:am] 準備する
ตอน [tɔɔn] 部分、時間帯
โอเค [ookhee] （英語の OK から）
ผู้คน [phûu khon] 人、人々
พลุกพล่าน [phlúk phlâan] 混雑する、せかせかする
ละก็ [lá kɔ̂ɔ] そのことが、それによって、それから

หัด [hàt] 練習する
เออ [əə] ねえ（ここでは話題を変える言い方、一般的には返事）
ว่า[wâa] と思う（＝**คิดว่า**[khít wâa]）
แบบนี้ [bɛ̀ɛp níi] この種の、このような（**แบบ**[bɛ̀ɛp] 型、様式）
เปลี่ยน [plì:an] 変わる
ไกด์ [kái] ガイド（外来語なので声調が変わることもあります）
คนต่างชาติ [khon tàaŋ châat] 外国人
งาม [ŋaam] 美しい
ว่าแต่ว่า [wâa tɛ̀ɛ wâa] ところで
รุ่นเดียวกัน [rûn di:aw kan] 同級生

遠距離バス（ボー・コー・ソー）のバス停にて出発を待つ人々

実践　会話Ⅶ　205

第26課　同じくらい

1 同等（1）

「AはBと同じくらい〜だ」は A ＋形容詞 **เท่า(กับ)**[thâw(kàp)] ＋ B の順で表します。

คุณทัศนีย์สูงเท่ากับคุณสุรพล
khun thátsanii sǔuŋ thâw kàp khun suraphon

タッサニーさんはスラポンさんと同じくらいの身長です。

เมืองจีนไม่ร้อนเท่ากับเมืองไทย
mɯːaŋ ciin mâi rɔ́ɔn thâw kàp mɯːaŋ thai

中国はタイほど暑くないです。

語句

　สูง　［sǔuŋ］　（高さが）高い

2 同等（2）

1の並びを少し変え、 A **กับ**[kàp] B ＋形容詞 ＋ **เท่ากัน**[thâw kan] とも言えます（意味は**1**と同じです）。

คุณทัศนีย์กับคุณปัญญาสูงเท่ากัน
khun thátsanii kàp khun panyaa sǔuŋ thâw kan

タッサニーさんとパンヤーさんは身長が同じくらいです。

คุณทัศนีย์กับคุณสมศรีสูงไม่เท่ากัน
khun thátsanii kàp khun sǒmsǐi sǔuŋ mâi thâw kan

タッサニーさんとソムシーさんの身長は同じではありません。

* **1**と**2**の **เท่า**[thâw] は第10課で学んだ **เหมือน**[mɯ̌ːan]（〜と同様）と同じ文型です。
* **เท่าๆ กัน**[thâw thâw kan]のように、**เท่า**[thâw]を繰り返せば、「だいたい同じ」というニュアンスになります。

คุณนภาพรกับคุณสุชาติสูงเท่าๆกัน
khun naphaaphɔɔn kàp khun sùchâat sǔuŋ thâw thâw kan

ナパーポーンさんとスチャートさんはだいたい同じくらいの身長です。

注意

否定文の場合、**ไม่**[mâi] +形容詞 +**เท่าๆ(กับ)**[thâw thâw kàp] や 形容詞 +**ไม่เท่าๆกัน**[mâi thâw thâw kan] のような繰り返し表現は使いません。

練習1

เท่า[thâw] を使い、タイ語に訳してください。

① 今月と先月は同じくらい忙しい。

② 今月は先月ほど忙しくない。

語句

忙しい　**ยุ่ง**　[yûŋ]

3　等しい、同じくらい

เท่า[thâw] や **เหมือน**[mǔːan] も「等しい」「同じくらい」を表します。

1 กิโลเมตรเท่ากับ 1,000 เมตร　　1キロメートルは1000メートル
nùŋ kiloomét thâw kàp nùŋ phan mét　　に相当します。

ดิฉันอายุเท่ากับคุณสุชาติ　　私はスチャートさんと同じ年齢です。
dichǎn aayú thâw kàp khun sùchâat

กางเกงตัวนี้กับตัวนั้นขนาดเท่ากัน
kaaŋ keeŋ tuːa níi kàp tuːa nán khanàat thâw kan

　　このズボンとあのズボンはサイズが等しい。

ผ้าผืนนี้กับผืนนั้นคุณภาพเหมือนกัน
phâa phǔɯn níi kàp phǔɯn nán khunnaphâap mǔːan kan

　　この生地とあの生地は(品)質が同じです。

คนนี้กับคนนั้นนิสัยไม่เหมือนกัน　この人とあの人は性格が違います。
khon níi kàp khon nán nísǎi mâi mǔ:an kan

語句

กิโลเมตร [kiloomé(e)t]　キロメートル　**อายุ** [aayú]　年齢
กางเกง [kaaŋ keeŋ]　ズボン　**ผ้า** [phâa]　布
ผืน [phǔun]　枚（類別詞）　**ขนาด** [khanàat]　サイズ
คุณภาพ [khunnaphâap]　品質　**นิสัย** [nísǎi]　性格

* **พอๆกัน** [phɔɔ phɔɔ kan]　だいたい同じ
คล้ายๆกัน [khláai khláai kan]　似ている

พวกเราอายุพอๆกัน
phû:ak raw aayú phɔɔ phɔɔ kan

　　　　　　　　　　　　　　私たちは年齢がほぼ同じです。

ภาษาไทยกับภาษาลาวคล้ายๆกัน
phaasǎa thai kàp phaasǎa laaw khláai khláai kan

　　　　　　　　　　　　　　タイ語とラオス語は似ています。

語句

ลาว [laaw]　ラオス（国名、タイの隣接国）

関連表現

「同じ」と「異なる」

พวกเราทำงานบริษัทเดียวกัน
phû:ak raw tham ŋaan bɔɔrisàt di:aw kan

私たちは**同じ**（同一の）会社で働いています。

อาจารย์กับดิฉันมีความเห็นตรงกัน
aacaan kàp dichǎn mii khwaam hěn troŋ kan

先生と私は意見が**一致している**（同じ意見を持っている）。

ภาษาไทย กับ ภาษาญี่ปุ่นต่างกัน ยังไง
phaasăa thai kàp phaasăa yîipùn tàaŋ kan yaŋ ŋai

タイ語と日本語は**どのように異なり**ますか？

พวกเรา ทำงานคนละบริษัท
phûːak raw tham ŋaan khon lá bɔɔrisàt

私たちは**別々の**会社で働いています。

練習 2

ไม่[mâi] の位置に注意し、ニュアンスの違いを訳し分けてください。

① **ภาษาไทยไม่ยากเหมือนภาษาญี่ปุ่น**
phaasăa thai mâi yâak mɯ̌ːan phaasăa yîipùn

② **ภาษาไทยกับภาษาญี่ปุ่นไม่ยากเหมือนกัน**
phaasăa thai kàp phaasăa yîipùn mâi yâak mɯ̌ːan kan

③ **ภาษาไทยกับภาษาญี่ปุ่นยากไม่เหมือนกัน**
phaasăa thai kàp phaasăa yîipùn yâak mâi mɯ̌ːan kan

土地の守り神（チャオ・ティー）

実践　講読 I（仕事）

การทำงานเป็นสิ่งจำเป็นสำหรับมนุษย์ แต่การพักผ่อนก็เป็นสิ่งจำเป็นเหมือนกัน

kaan tham ŋaan pen sìŋ campen samràp manút tɛ̀ɛ kaan phák phɔ̀ɔn kɔ̂ɔ pen sìŋ campen mŭːan kan

อย่าทำงานโดยไม่มีการพักผ่อน และอย่าพักผ่อนมากเกินไปจนไม่ทำงานหรือเกียจคร้านในการงาน

yàa tham ŋaan dooi mâi mii kaan phák phɔ̀ɔn lɛ́ yàa phák phɔ̀ɔn mâak kəən pai con mâi tham ŋaan rɯ̌ɯ kìːat khráan nai kaan ŋaan

เพราะความเกียจคร้านเป็นบ่อเกิดแห่งโรค และการไม่พักผ่อนให้สมควรก็เป็นบ่อเกิดแห่งโรคเช่นกัน

phrɔ́ khwaam kìːat khráan pen bɔ̀ɔ kə̀ət hɛ̀ŋ rôok lɛ́ kaan mâi phák phɔ̀ɔn hâi sŏm khuːan kɔ̂ɔ pen bɔ̀ɔ kə̀ət hɛ̀ŋ rôok chên kan

（วิศิน อินทสระ คติชีวิตเพื่อชีวิตที่เติบโตและเข้มแข็ง เล่ม๑ หน้า๘）

【語句】

- **สิ่ง** [sìŋ]　こと、もの
- **จำเป็น** [cam pen]　必要な、不可欠な
- **＊จำเป็นต้อง** [cam pen tɔ̂ŋ]　（必ず）しなければならない（第15課 **ต้อง**[tɔ̂ŋ] の強調）
- **มนุษย์** [manút]　人間
- **เกียจคร้าน** [kìːat khráan]　怠惰な
- **บ่อเกิด** [bɔ̀ɔ kə̀ət]　発祥地
- **แห่ง** [hɛ̀ŋ]　所、場所（ここでは類別詞）
- **โรค** [rôok]　病気、病
- **สมควร** [sŏm khuːan]　適切な、ほどよい
- **เช่นกัน** [chên kan]　同様に（**เช่น**[chên] 〜のような）

参考訳

　仕事は人間にとって必要なものですが、休息も同様に必要なものです。休息なしに仕事をしてはいけません、休息し過ぎて仕事をしなくなったり、仕事をする際怠惰になってしまってもいけません。怠惰は病の発生地であり、同時に適度に休息しないことも病の発祥地となるからです。

　　　　　　　　　（ウィシン・インタサラ著「成長と強く生きるための人生訓」第1巻8ページより）

おじさんと子どもたちの会話

◆ 道の真ん中を歩む ◆

　タイでは子どもの頃から誰ともなく「極端を避けて生きる」ことを教えられます。タイ語で **เดินสายกลาง**[dəən sǎai klaaŋ]（道の真ん中（中道）を歩む）と言います。ただ単に足して2で割るような方向ではなく、その均衡を保つ方向を歩むという意味です。

第 27 課　ที่ の用法

1　名詞を修飾する語

「彼が市場から買ってきた焼き鳥」は、「彼が市場から買ってきた」という節（文）が「焼き鳥」にかかっています。この２つをつなぐ際に **ที่**[thîi] を使います。

ไก่ย่าง ที่ เขาซื้อมาจากตลาด อร่อย มาก
kài yâaŋ thîi khǎw súɯ maa càak talàat arɔ̀i mâak

焼き鳥　　　**彼が市場から買ってきた**　　とてもおいしい
⇨ 彼が市場から買ってきた焼き鳥は、とてもおいしい。

หนังสือที่ยืมมาจากเขาอ่านยาก
nǎŋsɯ̌ɯ thîi yɯɯm maa càak khǎw àan yâak

彼から借りてきた本は、読むのが難しい。

เขาเป็นครูที่สอนภาษาไทยให้ผม
khǎw pen khruu thîi sɔ̌ɔn phaasǎa thai hâi phǒm

彼は私にタイ語を教えてくれる先生です。

2　修飾するその他の表現

名詞を修飾するその他の表現に **ซึ่ง**[sûŋ] や類別詞 **อัน**[an] があります。**ซึ่ง**[sûŋ] は直前の単語以外に、前の文・語句などを受けて「それについて～」のように追加説明をする働きがあります。**อัน**[an] には主に形容詞や **เป็น**[pen] ～など状態を表す語句や文が続きます。

เชียงใหม่ ซึ่งเป็นเมืองเก่า มีที่น่าเที่ยวเยอะแยะ
chiːaŋmài sûŋ pen mɯːaŋ kàw mii thîi nâa thîːaw yɤ́ yɛ́

チェンマイは古都であり、名所がいっぱいあります。

＊この例文の **ที่**[thîi] は「所、場所」という意味

ผู้หญิงคนนั้นไม่ทำงานแต่อยากได้เงินซึ่งเป็นไปไม่ได้
phûu yǐŋ khon nán mâi tham ŋaan tɛ̀ɛ yàak dâi ŋɤn sûŋ pen pai mâi dâi

あの女性は仕事もしないでお金を得たがりますが、そんなことは不可能です。

＊ここでは前文「…仕事しないでお金を得たがる」を、**ซึ่ง**[sûŋ]以下で「それについては」と続けています。

เด็กๆมีความคิดอันบริสุทธิ์สวยงาม
dèk dèk mii khwaam khít an bɔɔrisùt sǔːai ŋaam

　　　　　　　　　　　　　子どもは純粋無垢な考えを持っている。

ความรักคือความทุกข์อันแสนหวาน
khwaam rák khɯɯ khwaam thúk an sěɛn wǎan

　　　　　　　　　　愛とは、すなわち甘美な(面を持った)苦である。

〔語句〕

เมืองเก่า　[mɯːaŋ kàw]　古都、旧都、旧市(街)
เยอะแยะ　[yɔ́ yɛ́]　いっぱい、たくさん
เป็นไปได้　[pen pai dâi]　可能な
บริสุทธิ์　[bɔɔrisùt]　純粋な
ทุกข์　[thúk]　苦しみ
แสน　[sěɛn]　10万（形容詞を強調）

〔練習〕

ที่[thîi] を使い、タイ語に訳してください。

① これは父が働いている小学校です。

② あの商人が売りにくるタイシルクはとても安い。

〔語句〕

小学校　**โรงเรียนประถม**　[rooŋ riːan prathǒm]
商人(男性)　**พ่อค้า**　[phɔ̂ɔ kháa]（女性の商人は **แม่ค้า**[mɛ̂ɛ kháa]）

＊小学校1年は **ประถม**[prathǒm] の頭文字を使い、**ป.1**[pɔɔ nɯ̀ŋ]（以後同様に **ป.2**, **ป.3**…）と略します。日本における中学・高校（各3年）を **มัธยม**[mátthayom] と言います（日本の中学は **มัธยมต้น**[mátthayom tôn]、高校は **มัธยมปลาย**[mátthayom plaai]

と訳されています)。略は小学校と同様ですが、高校２年は **ม.5**[mɔɔ hâa] となります。

3　様々な ที่[thîi] の用例

感情を表す語のあとに ที่[thîi] を置き、ที่[thîi] 以下で感情の原因を述べます。

ดีใจมากที่ลูกชายสอบได้
dii cai mâak thîi lûuk chaai sɔ̀ɔp dâi

息子が試験に合格してとても嬉しい。

ตกใจที่ห้ามล้อใช้ไม่ได้ระหว่างขับรถอยู่
tòk cai thîi hâam lɔ́ɔ chái mâi dâi rawàaŋ khàp rót yùu

驚いたことに運転中ブレーキがきかなくなった。

ขอโทษที่มารบกวน
khɔ̌ɔ thôot thîi maa róp ku:an

お邪魔してすみません。

その他の用例

เพลงนี้กำลังเป็นที่นิยมของหนุ่มสาว
phleeŋ níi kamlaŋ pen thîi níyom khɔ̌ɔŋ nùm sǎaw

この歌は若い男女の人気となり続けています。

จะพยายามให้ดีที่สุดเท่าที่จะทำได้
cà phayaayaam hâi dii thîi sùt thâw thîi cà tham dâi

できる**限り**最善の努力をします。

เขามีใจหนักแน่นพอที่จะยอมรับความพ่ายแพ้
khǎw mii cai nàk nên phɔɔ thîi cà yɔɔm ráp khwaam phâai phɛ́ɛ

彼は敗北を受け入れることに**十分寛大**であった。

ผมออกกำลังกายทุกๆเช้าตามที่หมอบอก
phǒm ɔ̀ɔk kamlaŋ kaai thúk thúk cháaw taam thîi mɔ̌ɔ bɔ̀ɔk

医師の指示に**従い**、私は毎朝運動をしています。

การที่เขาย้ายไปต่างจังหวัดทำให้ทุกคนเศร้าใจ
kaan thîi khǎw yáai pai tàaŋ caŋwàt tham hâi thúk khon sâw cai

彼が地方に引っ越したことで、皆が寂しがった。

語句

- **ห้ามล้อ** [hâam lɔ́ɔ]　ブレーキ
- **รบกวน** [róp kuːan]　煩わす、困らす
- **นิยม** [níyom]　人気がある
- **หนุ่มสาว** [nùm sǎaw]　若者（**หนุ่ม** [nùm] 若い男性、**สาว** [sǎaw] 若い女性）
- **หนักแน่น** [nàk nên]　確固とした
- **พอที่** [phɔɔ thîi]　（**ที่** [thîi] 以下）するに十分な
- **ยอมรับ** [yɔɔm ráp]　受け入れる
- **พ่าย** [phâai]　敗北する　　**แพ้** [phɛ́ɛ]　負ける
- **ออกกำลังกาย** [ɔ̀ɔk kamlaŋ kaai]　運動する
- **ตามที่** [taam thîi]　（**ที่** [thîi] 以下）に従って
- **การที่** [kaan thîi]　（**ที่** [thîi] 以下の）こと（会話では**การ** [kaan] を省略できます）

◆ **仏教国タイ** ◆

　タイは仏教国であり、タイ人のほとんどが仏教徒です。2の最後の例文のように、仏教用語では「愛」は否定され、「苦しみ」とみなされます。理由は（愛する対象に）執着を起こすからです。愛の本質は渇愛（古代インド語のひとつであるトゥリシュナー。タイ語では **ตฤษณา** [trìtsanǎa]）と言い、金欲や名誉欲のようにいくら獲得しても満足しない状態を言います。仏教ではこのような執着を嫌うため、タイ人男性は（国民の義務として）一生に一度は出家し、さまざまな煩悩と向き合います。タイの諺にある「出家する前に結婚」は、「結婚するにはまだ未熟者」と解釈できそうです。私たちが、一般に使う「愛」とは別です。

実践　講読 II （過去と現実）

Track 69

อย่ายอมเป็นทาสของอดีต อย่านั่งอยู่กับอดีตที่เศร้าหมอง อย่าขังหรือจองจำตัวเองไว้กับอดีตอันทรมาน
yàa yɔɔm pen thâat khɔ̌ɔŋ adìit yàa nâŋ yùu kàp adìit thîi sâw mɔ̌ɔŋ
yàa khǎŋ rɯ̌ɯ cɔɔŋ cam tu:a eeŋ wái kàp adìit an thɔɔramaan

เพราะไม่มีประโยชน์และไม่ฉลาดเลย อดีตจะเป็นอย่างไรก็ตามใจ แต่ปัจจุบันและอนาคตยังเป็นของเรา
phrɔ́ mâi mii prayòot lé mâi chalàat ləəi adìit cà pen yàaŋrai kɔ̂ɔ taam cai tɛ̀ɛ pàtcùban lé anaakhót yaŋ pen khɔ̌ɔŋ raw

ทำปัจจุบันให้ดีที่สุด อนาคตย่อมจะดีเอง ปัจจุบันจะกลายเป็นอดีตของอนาคต
tham pàtcùban hâi dii thîi sùt anaakhót yɔ̂ɔm cà dii eeŋ pàtcùban cà klaai pen adìit khɔ̌ɔŋ anaakhót

เขาสร้างอนาคตกันด้วยปัจจุบันนั่นเอง
khǎw sâaŋ anaakhót kan dû:ai pàtcùban nân eeŋ

（วิศิน อินทสระ **คติชีวิตเพื่อชีวิตที่เติบโตและเข้มแข็ง เล่ม๑** หน้า๕๙）

語句

ยอม	[yɔɔm]	認める
ทาส	[thâat]	奴隷
อดีต	[adìit]	過去
เศร้าหมอง	[sâw mɔ̌ɔŋ]	憂鬱になる
ขัง	[khǎŋ]	監禁する
จองจำ	[cɔɔŋ cam]	監禁する
ทรมาน	[thɔɔramaan]	苦しめる
ประโยชน์	[prayòot]	益がある
ฉลาด	[chalàat]	賢明な、頭のいい
ตามใจ	[taam cai]	勝手、自由
ปัจจุบัน	[pàtcùban]	現在
อนาคต	[anaakhót]	未来、将来

กลายเป็น [klaai pen]　～に変わる
นั่นเอง [nân eeŋ]　（そういうこと）なんですよ

参考訳

　過去の奴隷になっていると認めてはいけません、憂鬱な過去と同居することもやめなさい。苦しい過去（という牢獄）に自分を監禁することもやめなさい。（それらは）まったく無益なことで賢明とは言えません。過去はいずれにせよ自由勝手な（振る舞いをする）ものです。しかしながら現在と将来はまだ私たちのもので（私たちの掌中にあります）。今現在に最善を尽くせば将来は必ず良くなります。現在が未来になると（今現在は）過去になります。将来を築くものは（過去でも未来でもなく）現在そのものなのです。

（ウィシン・インタサラ著「成長と強く生きるための人生訓」第1巻59ページより）

คนมีเหตุผลย่อมมีใจหนักแน่นพอที่จะยอมรับทั้งผลดีและผลร้ายที่เกิดขึ้น

khon mii hèet phǒn yôom mii cai nàk nên phɔɔ thîi cà yɔɔm ráp tháŋ phǒn dii lɛ́ phǒn ráai thîi kə̀ət khûn

การยอมรับนั่นเองจะเป็นกุญแจดอกสำคัญไขไปสู่การแก้ปัญหา

kaan yɔɔm ráp nân eeŋ cà pen kuncɛɛ dɔ̀ɔk sǎmkhan khǎi pai sùu kaan kɛ̂ɛ panhǎa

บางอย่างที่แก้ได้ยาก

baaŋ yàaŋ thîi kɛ̂ɛ dâi yâak

（วิศิน อินทสระ คติชีวิตเพื่อชีวิตที่เติบโตและเข้มแข็ง เล่ม๑ หน้า๑๖）

語句

คนมีเหตุผล [khon mii hèet phǒn]　思慮深い人（結果だけでなくその原因もしっかり考える人。理由も考えず結果だけで判断する人は **คนมีเหตุผล** [khon mii hèet phǒn] ではありません）

ใจหนักแน่น [cai nàk nên]　確固たる（精神）

ผลดี [phǒn dii]　好結果（**ผล** [phǒn] 結果）

ผลร้าย　[phǒn ráai]　悪い結果
ดอก　[dɔ̀ɔk]　(กุญแจ[kuncɛɛ]「鍵」の類別詞)
ไข　[khǎi]　開ける
สู่　[sùu]　〜に向かう

> 参考訳

　思慮深い人は、起こった結果の良し悪しを（率直に）受け入れる十分な寛容さを必ず持ち合わせています。（現実を）受け入れること、それだけです。それが時として、（解決）できそうもない問題解決に向けた重要な鍵となるでしょう。

（ウィシン・インタサラ著「成長と強く生きるための人生訓」 第1巻16ページより）

ピマーイ遺跡（アンコールワット様式）

第28課　前置詞2

1　นอกจาก[nɔ̂ɔk càak]　～（แล้ว[lɛ́ɛw]）以外に

นอกจากเมืองไทยแล้ว คุณอยากจะไปเที่ยวที่ไหนบ้าง
nɔ̂ɔk càak mɯːaŋ thai lɛ́ɛw khun yàak cà pai thîːaw thîi năi bâaŋ

タイ以外にあなたはどこへ観光に行きたいですか？

นอกจากนี้แล้วยังมีปัญหาสิ่งแวดล้อมอีกมาก
nɔ̂ɔk càak níi lɛ́ɛw yaŋ mii panhăa sìŋ wɛ̂ɛt lɔ́ɔm ìik mâak

これ以外にまだ環境問題がたくさんあります。

2　เกี่ยวกับ[kìːaw kàp]　関し

ใครจะรับผิดชอบเกี่ยวกับไฟไหม้เมื่อคืนนี้
khrai cà ráp phìt chɔ̂ɔp kìːaw kàp fai mâi mɯ̂ːa khɯɯn níi

昨夜の火事に関し、誰が責任を取りますか？

ที่เมืองไทยมีโครงการเกี่ยวกับ SMEs หลายโครงการ
thîi mɯːaŋ thai mii khrooŋ kaan kìːaw kàp SMEs lăai khrooŋ kaan

タイでは SMEs に関し、多くのプロジェクトがあります。
（SMEs=Small and Medium Enterprises（中小企業））

3　แทน[thɛɛn]　代わりに

จ่ายเงินแทนผมได้ไหม　　　　　私の代わりにお金を支払ってくだ
càai ŋən thɛɛn phŏm dâi măi　　さいますか？

ผมจะไปโรงสีแทนให้เอาไหม　　代わりに精米所へ行ってあげま
phŏm cà pai rooŋ sĭi thɛɛn hâi aw măi　しょうか？（副詞的に）

4 ยกเว้น[yók wén]　除いて

ผู้ชายคนนั้นทำงานทุกวันยกเว้นวันจันทร์
phûu chaai khon nán tham ŋaan thúk wan yók wén wancan

あの男(性)は月曜日を**除いて**仕事をします。

5 ต่อ[tɔ̀ɔ]　対し

ทีมสุรินทร์ชนะกรุงเทพฯ 9 ต่อ 3
thiim surin chaná kruŋthêep kâw tɔ̀ɔ sǎam

スリンのチームは9**対**3でバンコク(チーム)に勝った。

หมู่บ้านนี้เก็บเกี่ยวข้าวได้ ๒๐๐๐ กิโลต่อปี
mùu bâan níi kèp kìːaw khâaw dâi sɔ̌ɔŋ phan kiloo tɔ̀ɔ pii

この村は**年間**2千キロ(グラム)の米が刈り入れられます。(直訳:1年**に対し**)

6 โดย[dooi]　によって

ผลิตและจัดจำหน่ายโดยสำนักพิมพ์เอบีซี
phalìt lé càt camnàai dooi sǎmnák phim ee bii sii

製作及び販売管理はＡＢＣ出版社**による**。

เขามาเมืองไทยโดยไม่ได้คาดหมาย
khǎw maa mɯːaŋ thai dooi mâi dâi khâat mǎai

彼は何の意図もなくタイに来ました。

7 ด้วย[dûːai]　で(道具)

คนไทยส่วนมากทานข้าวด้วยช้อนส้อม
khon thai sùːan mâak thaan khâaw dûːai chɔ́ɔn sɔ̂m

タイ人はたいていスプーンとフォーク**で**食事します。

8 ตาม [taam]　従って、沿って、（あらゆる場所）で

ต้องเสียค่าปรับ ๓ พันบาทตามกฎหมาย
tɔ̂ŋ sǐːa khâa pràp sǎam phan bàat taam kòt mǎai

　　　　　　　法律に従って、罰金を３千バーツ支払わねばなりません。

มีทหารอยู่มากตามชายแดน
mii thahǎan yùu mâak taam chaai dɛɛn

　　　　　　　国境沿いに兵士がたくさんいます。

มีมือถือขายอยู่ตามร้านเครื่องไฟฟ้า
mii mɯɯ thɯ̌ɯ khǎai yùu taam ráan khrɯ̂ːaŋ fai fáa

　　　　　　　携帯電話はどの電気屋でも売っています。

語句

1 สิ่งแวดล้อม　[sìŋ wɛ̂ɛt lɔ́ɔm]　環境
2 รับผิดชอบ　[ráp phìt chɔ̂ɔp]　責任がある（**ผู้รับผิดชอบ** [phûu ráp phìt chɔ̂ɔp] 責任者、担当者）
　ไฟไหม้　[fai mâi]　火事
　โครงการ　[khrooŋ kaan]　計画、プロジェクト
3 โรงสี　[rooŋ sǐi]　精米所
　เอาไหม　[aw mǎi]　いりますか？（直訳）（例文のように「〜の代わりに行ってあげますが、**どうしますか**」と相手の選択を求める場合にも使います）
4 ผู้ชาย　[phûu chaai]　男性
5 ทีม　[thiim]　チーム
　สุรินทร์　[surin]　スリン（県名、象祭りで有名）
　ชนะ　[chaná]　勝つ
　เก็บเกี่ยว　[kèp kìːaw]　刈り入れる
6 ผลิต　[phalìt]　製造（する）、制作（する）
　จัด　[càt]　管理（する）
　จำหน่าย　[camnàai]　販売する
　สำนักพิมพ์　[sǎmnák phim]　出版社
　คาดหมาย　[khâat mǎai]　予期する

7 ส่วนมาก [sùːan mâak]　たいてい
　ช้อน [chɔ́ɔn]　スプーン
　ส้อม [sɔ̂m]　フォーク
8 ชายแดน [chaai dɛɛn]　国境
　มือถือ [mɯɯ thɯ̌ɯ]　携帯電話
　ไฟฟ้า [fai fáa]　電気

* มี [mii] A ขาย [khǎai]　A が売っている

◆ SMEs（Small and Medium Enterprises 中小企業の略）◆

　欧米で立ち上げたグローバル・マーケット戦略はタイでも様々なプロジェクトとして展開され、経営コンサルタントの現地企業指導や国外 SMEs のタイ受入れなども盛んです。

関連表現

　โดยบังเอิญ [dooi baŋ ʔəən]　偶然
　วันเว้นวัน [wan wén wan]　一日おきに

中華街

実践　講読Ⅲ　（法令文）

タイ語の構造と和訳について考えてみましょう。
網かけ部分は動詞です。例文全体で１文（ワン・センテンス）です。

ในการฉุกเฉิน นายกรัฐมนตรีมีอำนาจออกคำสั่งใช้สิทธิตามสิทธิบัตรใดๆก็ได้

nai kaan chùk chə̌ən naayók rátthamontrii mii amnâat ɔ̀ɔk kham sàŋ chái sìt taam sìtthíbàt dai dai kɔ̂ɔ dâi

เพื่อการอันจำเป็นในการป้องกันประเทศโดยเสียค่าตอบแทนที่เป็นธรรมแก่ผู้ทรงสิทธิบัตร

phŵːa kaan an cam pen nai kaan pɔ̂ŋkan prathêet dooi sǐːa khâa tɔ̀ɔp theɛn thîi pen tham kɛ̀ɛ phûu soŋ sìtthíbàt

และต้องแจ้งให้ผู้ทรงสิทธิบัตรทราบเป็นหนังสือโดยไม่ชักช้า

lɛ́ tɔ̂ŋ cɛ̂ɛŋ hâi phûu soŋ sìtthíbàt sâap pen nǎŋsɯ̌ɯ dooi mâi chák cháa

＊合成語（音通名詞）を作る動詞の網かけは省略しています。

語句

ฉุกเฉิน　[chùk chə̌ən]　緊急、非常
นายกรัฐมนตรี　[naayók rátthamontrii]　総理大臣
อำนาจ　[amnâat]　権限、権力
สิทธิบัตร　[sìtthíbàt]　特許権
ใด　[dai]　何の、どんな
ป้องกัน　[pɔ̂ŋkan]　防衛する
ค่าตอบแทน　[khâa tɔ̀ɔp theɛn]　報酬
ธรรม　[tham]　法（ここでは「公正な」）
แก่　[kɛ̀ɛ]　に対して
ทรง　[soŋ]　所有する、保持する
ชักช้า　[chák cháa]　遅らせる

タイ語の特徴として、どこまでがひとつの文（または会話）かわからないまま、次々と展開することがあります。そのため、あとから出てくる動詞を、英語のように最初の動詞にかけて訳すと、変な訳になってしまいます。タイ語は思考や動作の順に動詞が置かれ、話題もその流れに従います。例文を前から順番に読む練習をしてみましょう。

緊急時に、総理大臣は権限を持つ → その権限によって命令を出す → そしてその命令によって使える権利はどんな特許権にも準拠したものである → （その特許権）使用の目的は国防において必要なことであり → （その際）報酬を支払う（が、その報酬は）特許権所有者に対し公正なものであり、特許使用と支払いを特許権所有者に通知しなければならない → （その通知は）書面であり、（その際、書面での通知は）遅滞がないようにする。

参考訳

　緊急時に際し、国防目的に必要が生じた場合、総理大臣はいかなる特許権も行使できるものとし、同時に該当特許使用の発令権限も有する。その際、該当特許権所持者に対し公正なる報酬支払を履行し、その旨を書面にて遅滞なく通知するものとする。

＊ タイ語を英文法に則して解説するケースが多々見られますが、英文解釈的な読み方（文には動詞がひとつだけ存在する等）だけでタイ語を理解しようとするとタイ語の流れを見落とす可能性があります。英語とは異なるタイ語の流れを感じ取ってください。

練習

次の2つのタイ語を訳し分けてください。

① **มี คน มาก ไม่ น้อย** [mii khon mâak mâi nɔ́ɔi]
② **มี คน ไม่ น้อย มาก** [mii khon mâi nɔ́ɔi mâak]

第29課 ก็などの用法

(Track 72)
(**1**と**2**のみ)

1 ก็ [kɔ̂ɔ] の様々な用法

Ⅰ も

ผมก็ทำแกงเผ็ดเป็น
phǒm kɔ̂ɔ tham kɛɛŋ phèt pen

私も(Aさん同様)ケーンペットが作れます。

ผมทำแกงเผ็ดก็เป็น
phǒm tham kɛɛŋ phèt kɔ̂ɔ pen

私は(トムヤムクンも作れますが)ケーンペットも作れます。

Ⅱ（前文に対し、そのこと）については

เรียนภาษาไทยกี่ปีก็เหมือนเดิม
ri:an phaasǎa thai kìi pii kɔ̂ɔ mǔ:an dəəm

何年タイ語を勉強しても変わり映えがしない。

กินไม่กินก็แล้วแต่คุณ
kin mâi kin kɔ̂ɔ lɛ́ɛw tɛ̀ɛ khun

食べる食べないはあなた次第です。

語句

เหมือนเดิม [mǔ:an dəəm] 以前・前回と同じ（毎回同じメニューを注文するときの「いつものやつ」もこの表現です）

Ⅲ 会話での受け答え

① まあ〜です

คุณสมศรีอยากเป็นครูใหญ่ไหม
khun sǒmsǐi yàak pen khruu yài mǎi

ソムシーさんは校長先生になりたいですか？

225

－ **ก็อยากเป็นอยู่**   まあ、（どちらかと言えば）なりた
   　　kɔ̂ɔ yàak pen yùu　　　　　　　　　いですね。

② それなら、　じゃあ

   ดิฉันอยากจะพบเพื่อนเก่า   私は旧友に会いたいです。
   　dichǎn yàak cà phóp phɯ̂ːan kàw

   － **ก็ทำไมไม่ไปพบล่ะ**   じゃあ、なぜ会いに行かないの？
   　　kɔ̂ɔ thammai mâi pai phóp lâ

③ だって～（だから）、（といっても）それは

   เขาพูดไทยเก่งจังเลย   彼はタイ語がとても上手い。
   　khǎw phûut thai kèŋ caŋ ləəi

   － **ก็เขาเป็นคนไทยนี่นา**   だって彼はタイ人ですよ。
   　　kɔ̂ɔ khǎw pen khon thai nîi naa

   ＊ 上文の返答として**มิน่าล่ะ**[mí nâa lâ]「だからか！（どうりで）」がよ
   く使われます

(語句)

   ก็ [kɔ̂ɔ] **... นี่นา** [nîi naa] だって～なんだから

   ＊ ②と③の特徴は文全体の前に **ก็**[kɔ̂ɔ] が付くことです。

Ⅳ 同一名詞・形容詞・動詞を介する場合

(名詞) **ก็**[kɔ̂ɔ] (名詞) たとえ(名詞)でも

   พ่อก็พ่อเถอะ ไม่เชื่อหรอก   たとえ父親でも信じないよ。
   　phɔ̂ɔ kɔ̂ɔ phɔ̂ɔ thə̀ mâi chɯ̂ːa rɔ̀ɔk

   ＊ **ไม่**[mâi] (名詞1) **ก็**[kɔ̂ɔ] (名詞2)
   　　　(名詞1)でなければ（名詞2）

ไม่วันนี้ก็พรุ่งนี้ผมจะงานยุ่ง
mâi wan níi kɔ̂ɔ phrûŋ níi phǒm cà ŋaan yûŋ

今日でなければ明日、（私は）仕事が忙しくなるでしょう。

形容詞 ＋ **ก็**[kɔ̂ɔ] ＋ 形容詞 （**แล้วยัง**[lɛ́ɛw yaŋ] … **อีก**[ìik]）

〜のうえに（さらに）

แพงก็แพงแล้วยังไม่อร่อยอีก　　（値段が）高いうえに、おいしくな
phɛɛŋ kɔ̂(ɔ) phɛɛŋ lɛ́ɛw yaŋ mâi arɔ̀i ìik　　い。

（動詞）　**ก็**[kɔ̂ɔ]（動詞）　（主に会話において）

ไปก็ไป　　（あなたが行くなら）行ってもいいです。
pai kɔ̂(ɔ) pai

กินก็กิน　　（あなたが食べるなら）食べてもいいです。
kin kɔ̂(ɔ) kin

語句

เถอะ　[thə̀]　（ここでは譲歩「たとえ〜でも」）通常は命令・勧誘などの文末詞

＊**กันเถอะ**　[kan thə̀]　しましょう（*Let's 〜*）

ไปกันเถอะ(ครับ)　[pai kan thə̀ (khráp)]　さあ行きましょう

2　**เลย**[ləəi] の様々な用法

เลย[ləəi] には否定の強調や、**ก็เลย**[kɔ̂ɔ ləəi]（だから 〜）という意味がありました。以下はその他の用法です。

I　すぐに、そのまま（ずっとその状態が続く）

ไปเลยดีกว่า　　すぐに行った方がいい。
pai ləəi dii kwàa

จะนอนเลยหรือ
cà nɔɔn ləəi rɯ̌ɯ

そのまま（もう）寝てしまうのですか？

ดีเลย
dii ləəi

いいですね。（話者にとって「よい」状態が続くと判断する場合、それに加え「いいことだから、そのようにしてほしい」と間接的に頼む場合（Ⅱのケース））

Ⅱ 許可や軽い命令のニュアンスが加わります（Ⅰのニュアンスが伴うこともあります）

กินให้หมดเลย(ซิ)
kin hâi mòt ləəi(sî)

（そのまま）全部食べ（続けてしまい）なさい。

เอาไปเลย
aw pai ləəi

（そのまますぐに）持って行ってしまいなさい。

Ⅲ 〜を越えて

เลยสยามไปถนนพญาไท
ləəi sayǎam pai thanǒn phayaathai

サヤームを越えて（通過して）パヤータイ通りに行く。

เลยไปแล้ว
ləəi pai lɛ́ɛw

行き過ぎた。

練習

次のタイ語を訳してください。

เขามัวแต่คิดถึงแฟนก็เลยเลยบ้านไปเลย
khǎw muːa tɛ̀ɛ khít thɯ̌ŋ fɛɛn kɔ̂ɔ ləəi ləəi bâan pai ləəi

語句

มัวแต่ ［muːa tɛ̀ɛ］ 夢中、没頭する

3　เสีย[sǐːə] の用法

เสีย[sǐːa] は「故障する、失う、失する」という意味があり、ものごとが悪い結果へ向かうニュアンスを伴います。

นั่งเสียเมื่อยเลย
nâŋ sǐːa mûːai ləəi

座っていたらとてもだるくなりました。

คอยเสียตั้ง 3 ชั่วโมง
khɔɔi sǐːa tâŋ sǎam chûːa mooŋ

3時間も待ち続けた（待って3時間も潰した）。

ฝนตกเสียแล้ว
fǒn tòk sǐːa lɛ́ɛw

雨が降ってしまった（もう外に出られない）。

＊ 文末に付くと命令調になることもあります。短く ซะ[sá] と発音することもあります。

関連表現

เสียที(อีก)[sǐːa thii(ìik)]「やっと」「いいかげんに〜しなさい」と言う場合

ฝนตกเสียทีอากาศจะได้เย็นๆ
fǒn tòk sǐːa thii aakàat cà dâi yen yen

雨がやっと降ったので（もっと）涼しくなるでしょう。

เขาอายุมากแล้ว น่าจะแต่งงานเสียที
khǎw aayú mâak lɛ́ɛw nâa cà tèŋ ŋaan sǐːa thii

彼は年だから（いいかげんに）結婚するべきだ。

คิดว่าเขาแต่งงานแล้วเสียอีก
khít wâa khǎw tèŋ ŋaan lɛ́ɛw sǐːa ìik

彼はもう結婚したのかと思った。

実践　講読（ミカからの手紙―エピローグ―）

タイを旅行したミカは、帰国後タイ語を学び、ヌイとタイ語で文通ができるようになりました。最近ヌイから思いがけない手紙が届き、ミカは当時の旅を振り返りさっそく次のような返事を書きました。

ถึงนุ้ย

　　ดิฉันได้รับจดหมายจากนุ้ยแล้ว นุ้ยสบายดีหรือเปล่า ขอโทษนะที่ไม่ได้ติดต่อกันเสียนาน ดิฉันเปิดร้านขายสมุนไพร สนุกมากเลย ส่วนนุ้ยทำงานเป็นไกด์ สนุกไหม? คราวหน้าพาดิฉันไปอีสานด้วยนะ อยู่กับคนต่างจังหวัดแล้วสบายใจยังไงก็ไม่รู้

　　ดิฉันตกใจและดีใจมากที่นุ้ยกับคุณเป็ดจะแต่งงานกันในอีก ๓ เดือนข้างหน้า เมื่อพบกันครั้งแรก ดิฉันพูดไทยไม่ได้ก็เลยไม่ได้คุยกับคุณเป็ดแต่รู้ว่าคุณเป็ดนิสัยดีและใจดีมาก จำได้ไหม นุ้ย เมื่อเราไปชะอำด้วยกัน ดิฉันรู้ว่าถึงแม้ไม่ได้พูดกันก็สื่อสารและรู้ใจกันได้ อย่าลืมเชิญดิฉันไปงานแต่งงานด้วยนะ เชื่อว่านุ้ยกับคุณเป็ดคงมีความสุขแน่นอน

จาก มิกะ

thǔŋ núi

　　dichǎn dâi ráp còtmǎai càak núi lɛ́ɛw　núi sabaai dii rǔɯ plàw　khɔ̌ɔ thôot ná thîi mâi dâi tìt tɔ̀ɔ kan sǐːa naan　dichǎn pə̀ət ráan khǎai samǔnphrai sanùk mâak ləəi　sùːan núi tham ŋaan pen kái sanùk mǎi　khraaw nâa phaa dichǎn pai isǎan dûːai ná　yùu kàp khon tàaŋ caŋwàt lɛ́ɛw sabaai cai yaŋŋai kɔ̂ɔ mâi rúu

　　dichǎn tòk cai lɛ́ dii cai mâak thîi núi kàp khun pèt cà tɛ̀ŋ ŋaan kan nai ìik sǎam dɯːan khâŋ nâa　mɯ̂ːa phóp kan khráŋ rɛ̂ɛk dichǎn phûut thai mâi dâi kɔ̂ɔ ləəi mâi dâi khui kàp khun pèt　tɛ̀ɛ rúu wâa khun pèt nísǎi dii lɛ́ cai dii mâak cam dâi mǎi núi mɯ̂ːa raw pai cha am dûːai kan dichǎn rúu wâa thɯ̌ŋ mɛ́ɛ mâi dâi phûut kan kɔ̂ɔ sɯ̀ɯ sǎan lɛ́ rúu cai kan dâi　yàa lɯɯm chəən dichǎn pai ŋaan tɛ̀ŋ ŋaan dûːai ná　chɯ̂ːa wâa núi kàp khun pèt khoŋ mii khwaam sùk nɛ̂ɛ nɔɔn

càak mika

語句

- **ติดต่อ** [tìt tɔ̀ɔ] 連絡する
- **สมุนไพร** [samǔnphrai] ハーブ
- **คราวหน้า** [khraaw nâa] 次回
- **อีสาน** [(i)isǎan] イサーン（タイ東北地方の総称、古代インド語で「東北」という意味）
- **ต่างจังหวัด** [tàaŋ caŋwàt] 地方
- **ข้างหน้า** [khâ(a)ŋ nâa] 前方、〜後に
- **จำได้** [cam dâi] 覚えている
- **สื่อสาร** [sùɯ sǎan] 伝わる、通信する
- **รู้ใจ** [rúu cai] 心が通じる
- **เชิญ** [chəən] 招待する
- **แน่นอน** [nêɛ nɔɔn] 確実な

参考訳

ヌイへ

　ヌイの手紙受け取りました。元気ですか？　ごめんなさいね、長い間連絡しなくって。私はハーブのお店を始めました。とても楽しいですよ。ヌイの方は？ ガイドの仕事楽しくやってますか？　次回は私を東北タイに案内してくださいね。地方の人と一緒にいるとほっとするのは、どうしてなのかしら？

　ヌイとペットさんが３カ月後に結婚するって（手紙で読んで）びっくり（しました）、（でも）とても嬉しかったです。最初に出会ったとき、タイ語が話せなかったのでペットさんとお話できなかったでしょ。でもペットさんは性格もよく、とてもやさしいとわかっていました。ヌイ、覚えてる？　私たちが一緒にチャアムへ行ったときのこと。**言葉って話せなくても、（言いたいことが）伝わり、気持ちも通じるものなのね**（直訳：たとえ言葉を話すことがなくても、（言葉の）伝達や心を理解することができるとわかった）。私を結婚式に招待することを忘れちゃだめよ。ヌイとペットさんは必ず幸せになれると信じています。

ミカより

補足

1 時刻

(午前1時～午前5時) **ตี** [tii] ～

午前1時	**ตีหนึ่ง**	[tii nùŋ]
午前2時	**ตีสอง**	[tii sɔ̌ɔŋ]
午前3時	**ตีสาม**	[tii sǎam]
午前4時	**ตีสี่**	[tii sìi]
午前5時	**ตีห้า**	[tii hâa]

(午前6時～午前11時) ～**โมงเช้า** [mooŋ cháaw] (**โมง**[mooŋ] 時間、一説には鐘をたたく音、**เช้า**[cháaw] 朝)

午前6時	**หกโมงเช้า**	[hòk mooŋ cháaw]
午前7時	**เจ็ดโมงเช้า**	[cèt mooŋ cháaw] (**หนึ่งโมงเช้า** [nùŋ mooŋ cháaw] とも言います。つまり「朝の1時」ということ)
午前8時	**แปดโมงเช้า**	[pɛ̀ɛt mooŋ cháaw] (**สองโมงเช้า** [sɔ̌ɔŋ mooŋ cháaw] 朝の2時)
午前9時	**เก้าโมงเช้า**	[kâw mooŋ cháaw] (**สามโมงเช้า** [sǎam mooŋ cháaw] 朝の3時)
午前10時	**สิบโมงเช้า**	[sìp mooŋ cháaw] (**สี่โมงเช้า** [sìi mooŋ cháaw] 朝の4時)
午前11時	**สิบเอ็ดโมงเช้า**	[sìp èt mooŋ cháaw] (**ห้าโมงเช้า** [hâa mooŋ cháaw] 朝の5時)
午前12時	**เที่ยง**(正午)	[thîːaŋ]

(午後1時～午後3時)**บ่าย** [bàai] ～**โมง** [mooŋ] (**บ่าย**[bàai] 午後、1時の**หนึ่ง** [nùŋ] は省略する場合が多い)

午後1時	**บ่ายโมง**	[bàai mooŋ] (＝**บ่ายหนึ่งโมง**)
午後2時	**บ่ายสองโมง**	[bàai sɔ̌ɔŋ mooŋ]
午後3時	**บ่ายสามโมง**	[bàai sǎam mooŋ]

(午後4時～午後6時) ～**โมงเย็น** [mooŋ yen] (**เย็น** [yen] 夕方、涼しい)

午後4時	**สี่โมงเย็น**	[sìi mooŋ yen]
午後5時	**ห้าโมงเย็น**	[hâa mooŋ yen]
午後6時	**หกโมงเย็น**	[hòk mooŋ yen]

* 午後2時から 午後6時までの **บ่าย** [bàai] や **เย็น** [yen] は省略できます。

(午後7時～午後11時) ～**ทุ่ม** [thûm] (夜の1時、2時のような言い方。午後11時は夜の5時)

午後7時	**หนึ่งทุ่ม**	[nừŋ thûm] (または **ทุ่มหนึ่ง** [thûm nừŋ]、会話では **ทุ่มนึง** [thûm nɯŋ] とも発音します)
午後8時	**สองทุ่ม**	[sɔ̌ɔŋ thûm]
午後9時	**สามทุ่ม**	[sǎam thûm]
午後10時	**สี่ทุ่ม**	[sìi thûm]
午後11時	**ห้าทุ่ม**	[hâa thûm]
午後12時	**เที่ยงคืน**	[thîːaŋ khɯɯn] (または **หกทุ่ม** [hòk thûm])

2 曜日

日曜日	**วันอาทิตย์**	[wan aathít]	木曜日	**วันพฤหัส**	[wan phrɯ́hàt]
月曜日	**วันจันทร์**	[wan can]	金曜日	**วันศุกร์**	[wan sùk]
火曜日	**วันอังคาร**	[wan aŋkhaan]	土曜日	**วันเสาร์**	[wan sǎw]
水曜日	**วันพุธ**	[wan phút]			

木曜日の正式名は **วันพฤหัสบดี** [wan phrɯ́hàtsabɔɔdii] ですが、**วันพฤหัส** [wan phrɯ́hàt] と短縮する方が一般的です。

補足 233

3 月

1月	**มกราคม** [mókkaraakhom]	7月 **กรกฎาคม** [karákadaakhom]
2月	**กุมภาพันธ์** [kumphaaphan]	8月 **สิงหาคม** [sǐŋhǎakhom]
3月	**มีนาคม** [miinaakhom]	9月 **กันยายน** [kanyaayon]
4月	**เมษายน** [meesǎayon]	10月 **ตุลาคม** [tùlaakhom]
5月	**พฤษภาคม** [phrɯ́tsaphaakhom]	11月 **พฤศจิกายน** [phrɯ́tsacìkaayon]
6月	**มิถุนายน** [míthùnaayon]	12月 **ธันวาคม** [thanwaakhom]

> 30日までの月には **ยน**[yon]、31日までの月には **คม**[khom] が、また2月だけは **พันธ์**[phan] が付きますが、話し言葉では省略されます。なお正式には上記月名に **เดือน**[dɯːan]（月）を付けます。

4 季節

タイの季節
  暑季（3－5月頃）   **ฤดูร้อน** [rúduu rɔ́ɔn]
                        （または **หน้าร้อน** [nâa rɔ́ɔn]）
  雨季（6－11月頃）   **ฤดูฝน** [rúduu fǒn]
                        （または **หน้าฝน** [nâa fǒn]）
  寒季（12月末頃）   **ฤดูหนาว** [rúduu nǎaw]
                        （または **หน้าหนาว** [nâa nǎaw]）
  乾季（雨季以外の月） **ฤดูแล้ง** [rúduu lɛ́ɛŋ]
                        （または **หน้าแล้ง** [nâa lɛ́ɛŋ]）

日本の季節
  春 **ฤดูใบไม้ผลิ** [rúduu bai mái phlì]（葉の出る季節）
  夏 **ฤดูร้อน**   [rúduu rɔ́ɔn]
  秋 **ฤดูใบไม้ร่วง** [rúduu bai mái rûːaŋ]（葉の散る季節）
  冬 **ฤดูหนาว**   [rúduu nǎaw]

5　親族名詞

(祖父・祖母)
　　祖父（父方）**คุณปู่** [khun pùu]　　祖母（父方）**คุณย่า** [khun yâa]
　　祖父（母方）**คุณตา** [khun taa]　　祖母（母方）**คุณยาย** [khun yaai]
(伯父・伯母) ⇒男女で区別
　　伯父（父母の兄）**คุณลุง** [khun luŋ]
　　伯母（父母の姉）**คุณป้า** [khun pâa]
(叔父・叔母) ⇒父方・母方で区別
　　父方の叔父・叔母（父の弟・妹）**คุณอา** [khun aa]
　　母方の叔父・叔母（母の弟・妹）**คุณน้า** [khun náa]

6　色

(**สี**[sǐi]) ＋色　～色

สีขาว [sǐi khǎaw]　白　　　　**สีแดง** [sǐi dɛɛŋ]　赤色
สีดำ [sǐi dam]　黒色　　　　**สีเขียว** [sǐi khǐaw]　緑色
สีน้ำเงิน [sǐi nám ŋən]　青色　**สีฟ้า** [sǐi fáa]　空色
สีน้ำตาล [sǐi nám taan]　茶色　**สีม่วง** [sǐi mûːaŋ]　紫色
สีส้ม [sǐi sôm]　オレンジ色　**สีเหลือง** [sǐi lǔːaŋ]　黄色
สีชมพู [sǐi chomphuu]　ピンク　**สีทอง** [sǐi thɔɔŋ]　金色

タイの楽器

中華街

　2～3日しか滞在できないけれど、タイ人の素顔にふれてみたい。そんな方には中華街散策をお勧めします。中華街は今も変わらないバンコク庶民の活気に包まれています。観光客扱いされないことも魅力のひとつです。英語はあまり通じませんが「大金行」「老舗…」「真情美味」などの漢字で書かれた看板を見ていると、初めてタイを訪れた方もほっとするはずです。「…燕窩」？　何の店かわからず店内を覗いてみると「天然　…　潤膚　清痰　清肺」と書かれてあり、なんとなく「肺の活力を高める自然食品店」だと想像できそうです。中華街は地元商人の仕入れ、一般客の買出しなど、タイの日常生活そのものが実感できる活気に溢れた街です。活気ある街には福運（恭喜発財、招財進宝）が待っているはずです！！

タイ仏教文化の源流

　インドからインドシナ半島に仏教が入ってきたのは7世紀以前だと言われています。紀元前後のインドでは、僧侶（専門家）中心の小乗仏教に対抗した格好で、庶民中心の大乗仏教が誕生しました。ただ大乗仏教も時の経過とともに再び専門家中心の仏教に戻ってしまい、庶民仏教は次第にインドの生活習慣（ヒンドゥー教）と混合した新しい大乗仏教へと変貌したのです。このような時代に、交易などの目的でインドシナを訪れたインドの人々が、次第にインドシナの地に定住するようになりました。その結果、インドの生活習慣と大乗仏教が現在のタイなどに定着し始めたのです。大乗仏教は土着の精霊（ピー）信仰などと結びつき、目に見えないかたちでタイ人の生活習慣へと浸透していきました。その後13世紀に建国したタイが国策として採用したのが小乗仏教です。「タイ人は仏教徒なのでとても親切でやさしい」という印象は先に入ってきた庶民仏教（大乗）の影響が大きいとも言えそうです。また合掌・（托鉢や笑顔の）布施・来世観といった習慣も、仏教を取り込んだヒンドゥー文化によるものと言えます。

東北タイ語

　東北タイはタイの面積の約3分の1を占めています。大都会になった経済都市バンコクを根底で支えている大部分が、東北タイや北部タイ出身の人々です。彼らの存在がなければ首都バンコクは機能しないと思われます。

　地方の人々と触れ合うことで「タイのこころ」を知るヒントが得られることでしょう。共通語の学習が終わった方や、興味のある方は参考にしてください（東北タイでも共通語は通じます）。共通語会話の合間に、東北タイ語をひと言添えてみてはいかがでしょうか。

1 一般表現

หวัดดีคับ เป็นจั่งใด สําบายดีบ่ wat dii khap pen caŋ dai sămbaaii dii bɔɔ	こんにちは。どうですか、お元気ですか？
สําบายดี เจ้าเด sămbaaii dii câw dee	元気です、あなたは？
ข้อยกะสําบายดีคือกัน khɔ̂i ka sămbaaii dii khɯɯ kan	私も元気です。
เจ้าชื่อหยัง câw sɯɯ (n)yăŋ	あなたの名前は何ですか？
ข้อยชื่อซะโตะรุมาแต่ญี่ปุ่น khɔ̂i sɯɯ satoru maa tɛɛ (n)yiipun	私はサトルと言います、日本から来ました。
มื้อนี้ฮ้อนอิหลี mɯ́ɯ nîi hɔ́ɔn ilĭi	今日はとても暑いですね。
บ่เป็นหยังดอก บ่ฮ้อนปานใด bɔɔ pen (n)yăŋ dɔɔk bɔɔ hɔ́ɔn paandai	大丈夫（マイペンライ）ですよ、あまり暑くないです。
มาฮอดขอนแก่นมื้อใด － หัวกะมา maa hɔ̂ɔt khɔ̆ɔn kɛn mɯ́ɯ dai hŭːa ka mâa	いつコーンケーンに着きましたか？ －来たばかりです。
เป็นหยังคือมาขอนแก่น pen (n)yăŋ khɯɯ mâa khɔ̆ɔn kɛn	なぜ、コーンケーンに来たのですか？
เพราะมีหมู่ข้อยอยู่บ่อนนี้ phɔ mii muu khɔ̂i yuu bɔɔn nîi	ここに友達がいるからです。

語句

คับ [khap]　（＝**ครับ** [khráp]）

เป็นจั่งใด [pen caŋ dai]　どうですか（共通話では＝**เป็นยังไง** [pen yaŋ ŋai]）

สําบาย [sămbaaii]　元気な（＝**สบาย** [sabaaii]）

ข้อย [khɔi]（[khôi]） 私（男女兼用）
เจ้า [câw] あなた（「彼・彼女」เขา[khǎw]、「私たち」เฮา[haw]）
เด [dee] については（＝ล่ะ[lâ]）
กะ [ka] ก็[kɔ̂ɔ]の短縮
คือกัน [khɯɯ kan] 同様に（＝เหมือนกัน[mǔ:am kan]）
ซื่อ [sɯɯ] 名前（＝ชื่อ[chûɯ]）
หยัง [(n)yǎŋ] 何（＝อะไร[arai]）
มาแต่ [maa tɛɛ] から来る（＝มาจาก[maa càak]）
มื้อนี้ [mûɯ nîi] 今日（＝วันนี้[wan níi]）
ฮ้อน [hôɔn] 暑い、熱い（＝ร้อน[rɔ́ɔn]）
อิหลี [ilǐi] 本当に（＝จริง[ciŋ]）
บ่เป็นหยัง [bɔɔ pen (n)yǎŋ] 大丈夫、構わない（＝マイペンライ）
ดอก [dɔɔk] だよ（＝หรอก[rɔ̀ɔk]）
บ่[bɔɔ]～ปานใด[paandai] あまり～でない（＝ไม่[mâi]～เท่าไร[thâw rai]）
ฮอด [hɔ̂ɔt] 着く（＝ถึง[thɯ̌ŋ]）
มื้อ [mûɯ] 日（＝วัน[wan]）
ใด [dai] どの（＝ไหน[nǎi]）
หัวกะ（[hǔ:a ka] したばかり
เป็นหยัง [pen (n)yǎŋ] なぜ（＝ทำไม[thammai]）（เป็นหยัง[pen (n)yǎŋ]＋主語＋คือ[khɯɯ]～「なぜ～」）
หมู่ [muu] 友達（＝เพื่อน[phɯ̂:an]）
บ่อน [bɔɔn] 場所

* 東北方言の特徴
　① 否定の ไม่[mâi]や疑問の ไหม[mǎi]には บ่[bɔɔ]を使います（共通語表記と異なります）。
　② 共通語の ช[ch]が ซ[s]音に、ร[r]は ฮ[h]音や ล[l]音に変わります。ヤ行がニャ行になることもあります。
　③ 二重子音の ร[r]や ล[l]は落ちる傾向にあります。
* 東北でも「こんにちは」を「サワッディ」と言いますが、会話ではバンコクでも使う「サワッディ」の短縮形หวัดดี[wàt dii]をよく使います。
* 本文は東北タイのほとんどの地域で使える共通表現です。

2 食事と買い物

อาหารอีสานแซบบ่ aahǎan (i)isǎan sɛ̂ɛp bɔɔ	東北料理はおいしいですか？
แซบหลาย ข้อยมักข้าวหลาม sɛ̂ɛp lǎai　khɔ̂i mak khâaw lǎam	とてもおいしいです。私はカオラームが好きです。
ลาบไก่นี้ เป็นตาแซบเนาะ lâap kai nîi pen taa sɛ̂ɛp nɔ	この鶏肉のラープ、おいしそうですね。
กินข้าวมื้อละจักคาบ kin khâaw mɯ́ɯ la cák khâap	1日何食、食べますか？
－มื้อละ3 คาบ 　mɯ́ɯ la sǎam khâap	1日3食です。
อันนี้แม่นหยัง　－เอิ้นว่าแคน an nîi mɛɛn (n)yǎŋ　ɔ̂n waa khɛ̂ɛn	これは何ですか？ －ケーンと言います。
ราคาท่อใด raakhâa thɔɔ dai	いくらですか？
เว้าอีกเทื่อหนึ่งแนได้บ่ wâw iik thɯːa nɯŋ nɛɛ dâi bɔɔ	もう一度言ってくださいますか。
ห้าพันบาทบ่? แพงโพด ลุดได้บ่ haa phan baat bɔɔ　phɛɛŋ phôot lut dâi bɔɔ	5千バーツですか？ 高過ぎます。値引きできますか？
แคนนี้ แม่น ของใผ ของเจ้า แม่นบ่ khɛ̂ɛn nîi mɛɛn khɔ̌ɔŋ phǎi khɔ̌ɔŋ câw mɛɛn bɔɔ	このケーンは誰のものですか？ あなたのものでしょう？
－เจ้า แม่นแล้ว / บ่ บ่แม่น 　câw mɛɛn lɛ́ɛw / bɔɔ bɔɔ mɛɛn	はい、そうです。／いいえ、違います。

語句

แซบ [sêɛp] おいしい（=**อร่อย**[arɔ̀i]）
หลาย [lăai] とても（=**มาก**[mâak]）
มัก [mak] 好き（=**ชอบ**[chɔ̂ɔp]）
ข้าวหลาม [khaaw lăam] カオラーム（竹筒の中にもち米や惣菜を入れて火で温めたもの）
ลาบ [lâap] ラープ（肉や魚などを細かくきざみ唐辛子風味で仕上げた料理）
เป็นตา [pen taa] 〜のように見える（=**น่า**[nâa]）
เนาะ [nɔ] ね（=**นะ**[ná]）
จัก [cák] いくつの（=**กี่**[kìi]）
คาบ [khâap] （1日3）食（=**มื้อ**[mɯ́ɯ]）
A **แม่น**[mɛɛn] B　AはBです
เอิ้น [ə̂n] 呼ぶ（=**เรียก**[rîːak]）
แคน [khɛɛn] ケーン
ท่อใด [thɔɔ dai] （値段が）いくら（=**เท่าไร**[thâw rai]）
เว้า [wâw] 話す（=**พูด**[phûut]）
เทื่อ [thɯːa] 回（数）（=**ครั้ง**[khráŋ]）
แน [nɛɛ] （お願いや命令を表す）
โพด [phôot] 過ぎる（=**เกินไป**[kəən pai]）
ลุด [lut] 値引きする（=**ลด**[lót]）
ใผ [phăi] 誰（=**ใคร**[khrai]）
แม่นบ่ [mɛɛn bɔɔ] でしょう？（=**ใช่ไหม**[châi măi]）
เจ้า [câw] はい（返事）
บ่ [bɔɔ] いいえ（返事）

◆ ケーン ◆

　東北地方の民族楽器（縦笛）で、モーラム（=**หมอลำ**[mɔ̆ɔlam]）と呼ばれる民謡の語り手（歌手）が男女で恋愛話から社会問題まで種々のテーマを掛け合いで歌うときに使う楽器をケーンといいます。東洋の吹奏楽器にしては珍しく複旋律が演奏できます。伝統芸能として学校の授業に取り入れているところもあります。

3　パヤーナーク（竜神）祭に行く

เดี๋ยวนี้เจ้าพวม เฮ็ดหยังอยู่
dǐːaw nîi câw phuːam het (n)yǎŋ yuu

今、あなたは何をしているところですか？

บ่ได้เฮ็ด ซุมื้ออยู่เฮือนซื่อๆ
bɔɔ dâi het su mɯ́ɯ yuu hɯ́ːan sɯɯ sɯɯ

何もしていません。毎日家にいるだけです。

มื้ออื่นซิไปใสบ่
mɯ́ɯ ɯɯn si pai sǎi bɔɔ

明日、どこかに行きますか？

ซิไปเบิ่งบั้งไฟพญานาค
si pai bəŋ bâŋfâi phayaanâak

竜神祭りの見物に行きます。

คันเจ้าสนใจก็ไปนำกันเนาะ
khan câw sǒncai kɔ(ɔ) pai nam kan nɔ

興味があれば一緒に行きましょうね。

ดอกไม้ไฟ แม่น งามอิหลี
dɔɔk mâi fâi mɛɛn ŋaam ilǐi

花火がとてもきれいです。

....

ซิออกจักโมง
si ɔɔk cák môoŋ

何時に出ますか？

เดี๋ยวนี้บ่ อย่าฟ้าว ถ้าบึดเทื่อหนึ่งเด้อ
dǐːaw nîi bɔɔ yaa fâaw thaa bɯ́t thɯ́ːa nɯŋ də̂ə

今すぐですか？ 急がないで。ちょっと待ってくださいね。

ห้องน้ำอยู่ใส — อยู่นี้　(อยู่หั้น)
hɔŋ nâm yuu sǎi 　 yuu nîi (yuu han)

トイレはどこですか？
—ここ（あそこ）です。

เฮ็ดเวียกแล้วบ่　— ยังบ่แล้ว
het wîːak lɛ̂ɛw bɔɔ 　 (n)yaŋ bɔɔ lɛ̂ɛw

仕事は終わりましたか？
—まだ終わっていません。

อีก หน่อยหนึ่ง คือซิ แล้ว
iik nɔ̀i nɯŋ khɯɯ si lɛ̂ɛw

もう少しでたぶん終わります。

คะซั้น ซิออก10โมงกว่าๆดีบ่ kha sân si ɔɔk síp môoŋ kwaa kwaa dii bɔɔ	それでは出発は10時ちょっとでいいですか？
นั่งรถไปใช้เวลาดนปานใด naŋ rot pai sâi weelaa don paan dai	車で行くとどのくらい（時間が）かかりますか？
ยังบ่แน่ใจ ประมาณ 3 ชั่วโมงติ (n)yaŋ bɔɔ nɛɛ cai p(r)amaan sǎam suːa mooŋ tí	まだはっきりわかりませんが、3時間くらいじゃないかな。
บ่เมื่อย ม่วนหลาย bɔɔ mɯːai muːan lǎai	疲れていません、とても楽しかったです。
พ้อกันใหม่เด้อ －โซคดีเด้อ phɔ́ɔ kan mai də̂ə　sôok dii də̂ə	また会いましょうね。 －それでは（幸運を）。

語句

- **พวม** [phuːam] しているところ (=**กำลัง**[kamlaŋ])
- **เฮ็ด** [het] 作る (=**ทำ**[tham])
- **ซุมื้อ** [su mɯ́ɯ] 毎日 (=**ทุกวัน**[thúk wan])
- **เฮือน** [hɯːan] 家 (=**บ้าน**[bâan])
- **ซื่อๆ** [sɯ̄ɯ sɯ̄ɯ] しているだけ (=**เฉยๆ**[chə̌i chə̌i])
- **มื้ออื่น** [mɯ́ɯ ɯ̀ɯn] 明日 (=**พรุ่งนี้**[phrûŋ níi])
- **ซิ** [si] (=**จะ**[cà])
- **ใส** [sǎi] どこ、どの (=**ไหน**[nǎi])
- **เบิ่ง** [bəŋ] 見る (=**ดู**[duu])
- **บั้งไฟพญานาค** [bâŋfai phayaanâak] 竜神（祭）
- **คัน** [khan] したら（仮定、時を表す接続詞）(=**ถ้า**[thâa])
- **นำกัน** [nam kan] 一緒に (=**ด้วยกัน**[dûːai kan])
- **งาม** [ŋaam] きれいな (=**สวย**[sǔːai])
- **จักหน่อย** [cák nɔ̀i] 少し (=**นิดหน่อย**[nít nɔ̀i])
- **ฟ้าว** [fâaw] 急ぐ (=**รีบ**[rîip])
- **อย่าฟ้าว** [yaa fâaw] まだ～しないで (=**อย่าเพิ่ง**[yàa phə̂ŋ])
- **ถ้า** [thaa] 待つ (=**รอ**[rɔɔ])
- **บึดเทื่อหนึ่ง** [bɯ́t thɯːa nɯŋ] 少々 (=**อีกหน่อยหนึ่ง**[ʔìik nɔ̀i

nʉ̀ŋ])
∗**บึด**　[bút]　少し　(=**นิด**[nít])
เด้อ　[dâə]　(親しみを込めた文末表現) 〜ですね、〜だよ
อยู่หั้น　[yuu han]　そちらで　(=**อยู่ที่นั่น**[yùu thîi nân])
เฮ็ดเวียก　[het wîːak]　仕事をする　(=**ทำงาน**[tham ŋaan])
แล้ว　[lɛ̂ɛw]　終わる (動詞)　(=**เสร็จ**[sèt])
∗**เสร็จแล้ว**[sèt lɛ́ɛw] (すでに終わってしまった、完成した) は、東北タイ語で**แล้วแล้ว**[lêɛw lêɛw]
หน่อยหนึ่ง　[nɔi nɯŋ]　少しだけ　(=**นิดหนึ่ง**[nít nʉ̀ŋ])
คือซิ　[khɯɯ si]　多分　(=**อาจจะ**[àat cà])
คะซั้น　[kha sân]　それじゃ　(=**ถ้ายังงั้น**[thâa yaŋ ŋán])
ใช่　[sâi]　使う　(=**ใช้**[chái])
ดนปานใด　[don paan dai]　どのくらい　(=**นานเท่าไร**[naan thâw rai])
ชั่วโมง　[sɯːa mooŋ]　時間　(=**ชั่วโมง**[chûːa mooŋ])
ติ　[tí]　じゃない (推量)　(=**มั้ง**[máŋ])
เมื่อย　[mɯːai]　疲れた　(=**เหนื่อย**[nùːai])
ม่วน　[mɯːan]　楽しい　(=**สนุก**[sanùk])
พ้อ　[phɔ̂ɔ]　会う　(=**พบ**[phóp])
โซค　[sôok]　運　(=**โชค**[chôok])

◆ **パヤーナーク（竜神）祭** ◆

　タイのお祭りといえばスコータイに始まったローイ・クラトン（旧暦12月の満月の夜に行う灯籠流し）や新年（4月13日頃）の水掛け祭り（ソンクラーン）が有名です。しかしそれ以外にもお祭りはたくさんあります。竜神祭もそのひとつで、釈迦崇拝のためメコン川（タイーラオス国境を流れる川）に住むパヤーナーク（竜神）が毎年雨期明け（出安吾）に川底から出現するという伝承に基づいています。本文「バンファイ・パヤーナーク」の「バンファイ」は「竹筒ロケット」の意。雨期入り前に雨乞いを祈願し、バンファイ祭が行われます。

แม่น [mɛɛn] について

① 「AはBです」を表す場合、東北タイ語には2課で学んだ表現以外に A **แม่น** [mɛɛn] B という言い方があります。

② 共通タイ語は英語でいうbe動詞を使わず、主語＋形容詞のような語順になることを1課で述べました。東北タイ語の場合、形容詞の強調、主語を明確にさせるなどの目的で（話し言葉では）、主語＋**แม่น** [mɛɛn]＋形容詞のように **แม่น** [mɛɛn] を主語と形容詞の間に入れることがあります (ดอกไม้ไฟแม่นงามอิหลี [dɔɔk mâi fâi mɛɛn ŋaam ilĭi] 花火がとてもきれいです)。

③ 東北タイ語は地域によって、**แม่น** [mɛɛn] を接続詞のように使うこともあります。その際、A**แม่น** [mɛɛn] B の A が話題、B が話題の内容を表します。

อาจารย์วิเชียรแม่น(จะ)ไปสอนเคมี
aacaan wichi:an mɛɛn (cá) pai sɔ̌ɔn kheemii
ウィチーアン先生が化学を教えに行きます（行く予定です）。

บ่กินอาหารเช้าแม่นบ่ดี 朝ご飯を食べないことはよくない。
bɔɔ kin aahǎan châw mɛɛn bɔɔ dii

ไปอุดรธานีแม่นมีแต่อาจารย์วราจิตเท่านั้น
pai udɔɔnthaanii mɛɛn mii tɛɛ aacaan waraacít thaw nân
ウドーンターニーへ行くのは、ワラーチット先生しかいません。

ถ้าเป็นซุ่มโต่ ซิแม่นคนไทยสอนก็บ่เป็นหยัง
thaa pen sum too si meen khon thai sɔ̌ɔn kɔɔ bɔɔ pen (n)yǎŋ
君たちなら、タイ人が教えても大丈夫です。

（上例③はウドーンターニー県の例です）

語句

เคมี [kheemii] 化学
อุดรธานี [udɔɔnthaanii] ウドーンターニー（県名）
ซุ่มโต่ [sum too] 君たち
โต่ [too] 君（＝**เธอ** [thəə]）
*　**ซุ่ม** [sum] （複数を表す（〜たち））

東北タイ語

参考 声調

条件	平音節			促音節	
	符号なし	ˋマイエーク	ˇマイトー	長母音	短母音
低子音	①高声 áa	平声 aa	下声 âa	下声 âak	平声 ak
中子音	②緩やかな上声	平声 aa	下声 âa	③緩やかな下声	高声 ák
高子音	上声 ǎa	平声 aa	③緩やかな下声	③緩やかな下声	高声 ák

（Mr. Asger Mollerup 著 「Thai-Isan-Lao Phrasebook」2005 年 266 ページ）

注 ①から③の声調記号を本文では省略しています。①と③は下声になる場合があります（本文の明確な箇所には声調記号を付けました）。②や高子音の上声は上昇しないでそのまま並行になることもあります。また③や中子音の下声も下らない場合があります。これらは（声調）規則に拘束されにくい方言特有の現象といえます。˘ と ˆ はそれぞれ高声、上声です。ここでは Asger Mollerup 氏による東北タイ中央部（コーンケン近くのマハーサーラカム県）の調査例を掲載しました。

メコン川と東北タイ

第1章練習問題解答

第1課

練習1　① t（中）　② s（高）　③ kh（低）　④ s（低）　⑤ kh（高）
　　　　⑥ c（中）　⑦ l（低）　⑧ ph（高）　⑨ m（低）　⑩ k（中）
　　　　⑪ ŋ（低）　⑫ d（中）　⑬ ch（低）　⑭ th（高）　⑮ f（低）

練習2　①中子音 **อย**[yɔɔ]
　　　　②高子音 **หว**[wɔ̌ɔ]　**หร**[rɔ̌ɔ]　**หย**[yɔ̌ɔ]　**หล**[lɔ̌ɔ]
　　　　　　　　หง[ŋɔ̌ɔ]　**หม**[mɔ̌ɔ]　**หน**[nɔ̌ɔ]　**หญ**[yɔ̌ɔ]

練習3　① caak　② khaat　③ daap　④ baat　⑤ naak

練習4　① taa（平）　② na（促）　③ baaŋ（平）　④ saaw（平）
　　　　⑤ thaam（平）　⑥ caak（促）　⑦ laai（平）　⑧ aat（促）

第2課

練習1
　Ⅰ　① ca　② dii　③ thə　④ mɯɯ　⑤ te
　　　⑥ too　⑦ ru　⑧ ŋɔ　⑨ khɔɔ
　Ⅱ　① rak　② kin　③ suk　④ fɯk　⑤ cet
　　　⑥ ŋən　⑦ khon　⑧ thɔ(ɔ)i　⑨ khɯɯn
　Ⅲ　① khiːan　② puːat　③ dɯːan　④ pai　⑤ nai
　　　⑥ khaw　⑦ cam　⑧ khəəi

練習2　① talaat　② sanuk　③ sabaai　④ khanom

練習3　① laŋ　② wat　③ mot

練習4　① kruŋtheep　② klap　③ khrap　④ troŋ
　　　　⑤ plaa　⑥ khwaa　⑦ phra

第3課

練習1　① mii　② phɯ̌ːan　③ yâak　④ riːan　⑤ nɔ́ɔi
　　　　⑥ phɔ̂ɔ　⑦ sák

練習 2 　① pai　② càai　③ kə̀ət　④ tâi　⑤ yàak
　　　　　⑥ dìp　⑦ pǔi　⑧ cóok

練習 3 　① sɔ̌ɔn　② thùuk　③ khǔn　④ phàt　⑤ nǔŋ

練習 4 　① khâw　② chɯ̄ɯ　③ phûut　④ yùu　⑤ lék
　　　　　⑥ mài　⑦ fùk　⑧ rɯ̌ɯ　⑨ ɔ̀ɔk　⑩ thûːai
　　　　　⑪ dèk　⑫ lɛ́ɛw　⑬ chàak　⑭ mɔ̂ɔ　⑮ tǎw

練習 5 　① cà　② phrɔ́　③ thə̀　④ kwàa　⑤ kwâaŋ

練習 6 　① tham + mai = thammai　② khrɔ̂ɔp + khruːa = khrɔ̂ɔpkhruːa
　　　　　③ khâw + cai = khâwcai　④ nít + nɔ̀i = nítnɔ̀i
　　　　　　　　　　　　　　　　　　　下線の発音⇒P26 注意事項参照
練習 7 　① sanùk　② talàat　③ chanít　④ khayǎn　⑤ phanèɛk

第 4 課

練習 1 　① bandaa　② máibanthát　③ thamniːam

練習 2 　① phǒnlamái　② sùkkhaphâap　③ wítthayú　④ chonnabòt
　　　　　⑤ sòkkapròk

練習 3 　① ภาษาไทย[phaasǎa thai]　② ญี่ปุ่น[yîi pùn]
　　　　　③ เศรษฐกิจ[sèetthakìt]　④ สุขภาพ[sùkkhaphâap]
　　　　　⑤ คุณ[khun]　⑥ นาฬิกา[naalíkaa]
　　　　　⑦ ธรรมชาติ[thammachâat]　⑧ บริษัท[bɔɔrisàt]
　　　　　⑨ รัฐบาล[rátthabaan]　⑩ นักศึกษา[náksɯ̀ksǎa]
　　　　　⑪ ฤดู[rúduu]　⑫ ผลไม้[phǒnlamái]
　　　　　⑬ ประวัติ[prawàt]　⑭ กฎหมาย[kòtmǎai]
　　　　　⑮ เมฆ[mêek]

第2章練習問題解答

この解答では **ครับ(ค่ะ)**[khráp(khâ)] を省略しています。
会話や手紙などで使う場合は適宜 **ครับ(ค่ะ)** を付けてください。

第1課

練習1
① **ดิฉัน(ผม)เรียนภาษาไทย** dichăn(phŏm) riːan phaasăa thai
② **เขาชอบอาหารเผ็ด** khăw chɔ̂ɔp aahăan phèt
③ **เมืองไทยร้อนมาก** mɯːaŋ thai rɔ́ɔn mâak

練習2
① **กรุงเทพฯและเชียงใหม่** kruŋthêep lé chiːaŋmài
② **หนังสือ(ของ)พ่อหรือหนังสือ(ของ)แม่**
   năŋsɯ̌ɯ (khɔ̌ɔŋ) phɔ̂ɔ rɯ̌ɯ năŋsɯ̌ɯ (khɔ̌ɔŋ) mɛ̂ɛ
③ **เมืองไทยร้อนแต่น่าอยู่มาก**
   mɯːaŋ thai rɔ́ɔn tɛ̀ɛ nâa yùu mâak
④ **โรงเรียน(ของ)เรา** rooŋ riːan (khɔ̌ɔŋ) raw
⑤ **บริษัท(ของ)คุณ** bɔɔrisàt (khɔ̌ɔŋ) khun

第2課

練習1
① **นี่ปากกาของ ดิฉัน(ผม)** nîi pàakkaa khɔ̌ɔŋ dichăn(phŏm)
② **นี่คุณมาลี** nîi khun maalii
③ **กระเป๋านั้นไม่หนัก เบามาก**
   krapăw nán mâi nàk baw mâak
④ **กระดาษเหล่านั้นบาง** kradàat làw nán baaŋ

練習2
① **คุณนั้นเป็นคนญี่ปุ่น** khon nán pen khon yîipùn
② **น้องชายเป็นครูสอนภาษาไทย**
   nɔ́ɔŋ chaai pen khruu sɔ̌ɔn phaasăa thai
③ **คุณพ่อของคุณเป็นคนใจดี**
   khun phɔ̂ɔ khɔ̌ɔŋ khun pen khon cai dii

練習3
① **นั่นไม่ใช่ดินสอของดิฉัน(ผม)**
   nân mâi châi dinsɔ̌ɔ khɔ̌ɔŋ dichăn(phŏm)
② **คนนี้ไม่ใช่คนญี่ปุ่น** khon níi mâi châi khon yîipùn

249

第 3 課

練習 1　① นี่หนังสือพิมพ์ญี่ปุ่นใช่ไหม ใช่ / ไม่ใช่ หนังสือพิมพ์จีน
　　　　　　nîi năŋsɯ̌ɯphim yîipùn châi măi　châi / mâi châi　năŋsɯ̌ɯphim ciin

　　　　② นั่นบริษัทคุณใช่ไหม ใช่ / ไม่ใช่ บริษัทพี่ชาย
　　　　　　nân bɔɔrisàt khun châi măi　châi / mâi châi　bɔɔrisàt phîi chaai

練習 2　① นี่หนังสือเรียนภาษาไทยไม่ใช่หรือ
　　　　　　nîi năŋsɯ̌ɯ ri:an phaasǎa thai mâi châi rɯ̌ɯ
　　　　　ใช่ / ไม่ใช่ หนังสือเรียนภาษาเขมร
　　　　　　châi / mâi châi　năŋsɯ̌ɯ ri:an phaasǎa khamĕen

　　　　② เขาเป็นตำรวจไม่ใช่หรือ ใช่ / ไม่ใช่ เป็นทหาร
　　　　　　khǎw pen tamrù:at mâi châi rɯ̌ɯ　châi / mâi châi　pen thahǎan

練習 3　นี่แม่น้ำเจ้าพระยาหรือเปล่า
　　　　　　nîi mêɛ nám câwphrayaa rɯ̌ɯ plàw
　　　　ใช่ / ไม่ใช่ แม่น้ำโขง
　　　　　　châi / mâi châi　mêɛ nám khǒoŋ

練習 4　① นี่รถยนต์ของคุณหรือ
　　　　　　nîi rót yon khɔ̌ɔŋ khun rɯ̌ɯ
　　　　　ใช่ รถยนต์ของดิฉัน(ผม) / ไม่ใช่ รถยนต์ของคุณลุง
　　　　　　châi rót yon khɔ̌ɔŋ dichǎn (phǒm) / mâi châi　rót yon khɔ̌ɔŋ khun luŋ

　　　　② เขาเป็นพนักงานบริษัทหรือ ใช่ / ไม่ใช่ เป็นนักศึกษา
　　　　　　khǎw pen phanák ŋaan bɔɔrisàt rɯ̌ɯ　châi / mâi châi　pen nák sùksăa

第 4 課

練習 1　① คุณชอบต้มยำกุ้งไหม ชอบมาก / ไม่ค่อยชอบ
　　　　　　khun chɔ̂ɔp tômyamkûŋ măi　chɔ̂ɔp mâak / mâi khɔ̂i chɔ̂ɔp

　　　　② ไปเที่ยวเชียงใหม่ไหม ไป / ไม่ไป
　　　　　　pai thî:aw chi:aŋmài măi　pai / mâi pai

練習 2　① ไม่ชอบดื่ม(กิน)เบียร์หรือ
　　　　　　mâi chɔ̂ɔp dɯ̀ɯm(kin) biːa rɯ̌ɯ
　　　　② ใส่เกลือมากไม่ดีหรือ　ไม่ดีเด็ดขาด
　　　　　　sài klɯːa mâak mâi dii rɯ̌ɯ　mâi dii dètkhàat

第 5 課
練習　① นั่งรถไป　　　　　　　　nâŋ rót pai
　　　② เอาเหล้ามา　　　　　　　aw lâw maa
　　　③ ลองใช้พจนานุกรมนี้ดู　lɔɔŋ chái phótcanaanúkrom níi duu
　　　④ เรียนภาษาไทยอยู่　　　riːan phaasǎa thai yùu
　　　⑤ เอาปิ่นโตไปให้　　　　aw pìntoo pai hâi

第 6 課
練習　① 腹黒い、意地悪な　② 冷静な　　　　③ 気の弱い
　　　④ せっかちな　　　　　⑤ うっかり(ぼんやり)した

第 7 課
練習 1　① จดหมายนี้มาจากไหน　มาจากสุโขทัย
　　　　　　còtmǎai níi maa càak nǎi　maa càak sùkhǒothai
　　　　② คนนั้น(จะ)ไปไหน　(จะ)ไปธนบุรี
　　　　　　khon nán (cà) pai nǎi　(cà) pai thonburii
　　　　③ ใคร(จะ)ไปอยุธยา　คุณวณีย์(จะ)ไป
　　　　　　khrai (cà) pai ayútthayaa　khun wanii (cà) pai
　　　　④ เขาสอนอะไร　สอนภาษาญี่ปุ่น
　　　　　　khǎw sɔ̌ɔn arai　sɔ̌ɔn phaasǎa yîipùn

練習 2　① คุณ(จะ)ไปไหนบ้าง ไปพัทยาและเกาะเสม็ด
　　　　　　khun (cà) pai nǎi bâaŋ　pai phátthayaa lɛ́ kɔ̀ samèt
　　　　② (คุณ)ชอบกินอะไรบ้าง　ข้าวผัดและไก่ย่าง
　　　　　　(khun) chɔ̂ɔp kin arai bâaŋ　khâaw phàt lɛ́ kài yâaŋ

第 8 課
練習 1　① แฟนเขาอยู่ปทุมธานี
　　　　　　fɛɛn khǎw yùu pathumthaanii

② คุณมาลีอยู่ไหม อยู่ / ไม่อยู่ ไปเข้าห้องน้ำ
　　khun maalii yùu mǎi　yùu / mâi yùu　pai khâw hɔ̂ŋ nám

練習 2　① ไปรษณีย์อยู่หน้าโรงเรียนอนุบาล
　　praisanii yùu nâa rooŋ ri:an anúbaan

② ธนาคารอยู่หลังบริษัทดิฉัน(ผม)
　　thanaakhaan yùu lǎŋ bɔɔrisàt dichǎn (phǒm)

③ โรงพักอยู่ข้างขวาของตลาด
　　rooŋ phák yùu khâ(a)ŋ khwǎa khɔ̌ɔŋ talàat

④ สถานทูตอยู่ข้างซ้ายของที่ทำงาน
　　sathǎan thûut yùu khâ(a)ŋ sáai khɔ̌ɔŋ thîi tham ŋaan

⑤ สนามบินอยู่ข้างข้างสถานีรถไฟ
　　sanǎambin yùu khâ(a)ŋ khâaŋ sathǎanii rót fai

⑥ แม่ซักผ้าอยู่ข้างล่าง
　　mêɛ sák phâa yùu khâ(a)ŋ lâaŋ

⑦ ห้างสรรพสินค้าอยู่ตรงข้ามสนามกีฬา
　　hâaŋ sàpphasǐnkháa yùu troŋ khâam sanǎam kiilaa

練習 3　① เมืองไทยมีทะเลสวย
　　mɯ:aŋ thai mii　thalee sǔ:ai

② มีลิงอยู่บนต้นไม้
　　mii liŋ yùu bon tôn mái

③ มีช้างอยู่(ที่)โน่น
　　mii cháaŋ yùu (thîi) nôon

④ มีรถไฟไปเชียงใหม่
　　mii rót fai pai chi:aŋmài

⑤ มีคนสอนภาษาไทยอยู่ในห้องนี้
　　mii khon sɔ̌ɔn phaasǎa thai yùu nai hɔ̂ŋ níi

第 9 課　① ดิฉัน(ผม)สอนภาษาเวียดนาม เขาก็สอนภาษาเวียดนามเหมือนกัน
　　dichǎn (phǒm) sɔ̌ɔn phaasǎa wî:atnaam khǎw kɔ̂ɔ sɔ̌ɔn phaasǎa wî:atnaam mǔ:an kan

② พี่สาวกับดิฉัน(ผม)ไปซื้อเสื้อผ้าที่ตลาดด้วยกัน ยาก็ซื้อที่นั่นด้วย
phîi sǎaw kàp dichǎn (phǒm) pai sɯ́ɯ sɯ̂ːa phâa thîi talàat dûːai kan yaa kɔ̂ɔ sɯ́ɯ thîi nân dûːai

第 10 課
練習
① มารยาทค่อยๆดีขึ้น   maarayâat khɔ̂i khɔ̂i dii khɯ̂n
② พลเมืองประเทศนี้ค่อยๆน้อยลง
phonlamɯːaŋ prathêet níi khɔ̂i khɔ̂i nɔ́ɔi loŋ
③ พูดให้ชัด   phûut hâi chát
④ ตัดผมให้สั้น   tàt phǒm hâi sân

第 11 課
練習 1
① ๗   เจ็ด   cèt
② ๓๙   สามสิบเก้า   sǎam sìp kâw
③ ๔๕   สี่สิบห้า   sìi sìp hâa
④ ๑๗๑   ร้อยเจ็ดสิบเอ็ด   rɔ́ɔi cèt sìp èt
⑤ ๓๙๙   สามร้อยเก้าสิบเก้า sǎam rɔ́ɔi kâw sìp kâw
⑥ ๑๒๒๑ (หนึ่ง)พันสองร้อยยี่สิบเอ็ด
(nɯ̀ŋ) phan sɔ̌ɔŋ rɔ́ɔi yîi sìp èt
⑦ ๘๔๖๐๑ แปด หมื่นสี่พันหกร้อยเอ็ด
pɛ̀ɛt mɯ̀ɯn sìi phan hòk rɔ́ɔi èt

練習 2
① อีกสองอาทิตย์จะไปกรุงเทพฯ
ìik sɔ̌ɔŋ aathít cà pai kruŋthêep
② กลับบ้านกี่โมง ห้าโมงกว่า
klàp bâan kìi mooŋ hâa mooŋ kwàa
③ เรียนภาษาไทยกี่ชั่วโมง ประมาณสองชั่วโมงทุกวัน
riːan phaasǎa thai kìi chûːa mooŋ pramaan sɔ̌ɔŋ chûːa mooŋ thúk wan

第 13 課
練習 1
① เดือนนี้ไม่ได้ไปภูเขาด้วยกัน
dɯːan níi mâi dâi pai phuu khǎw dûːai kan

② เขาได้เป็นตำรวจ　　khǎw dâi pen tamrùːat
　　　③ เคยไปขอนแก่นหรือเปล่า　khəəi pai khɔ̌ɔn kèn rɯ̌ɯ plàw

練習 2　① ดิฉัน(ผม)ไม่อยากจะทำงานที่กรุงเทพฯ
　　　　　dichǎn(phǒm) mâi yàak cà tham ŋaan thîi kruŋthêep

　　　② เขาอาจจะแต่งงานกับคนไทย
　　　　　khǎw àat cà tèŋ ŋaan kàp khon thai

　　　③ คุณคงจะชอบเมืองไทย
　　　　　khun khoŋ cà chɔ̂ɔp mɯːaŋ thai

第 14 課
練習　　① ว่ายน้ำที่นี่ได้ไหม
　　　　　wâai nám thîi nîi dâi mǎi

　　　② ซื้อตั๋วได้ที่ไหน ที่ไหนก็ซื้อได้
　　　　　sɯ́ɯ tǔːa dâi thîi nǎi thîi nǎi kɔ̂ɔ sɯ́ɯ dâi

第 15 課
練習 1　① พวกเราต้องเปิดหน้าต่างทุกวัน
　　　　　phûːak raw tɔ̂ŋ pə̀ət nâa tàaŋ thúk wan

　　　② ไม่ต้องปิดประตู
　　　　　mâi tɔ̂ŋ pìt pratuu

　　　③ หมู่บ้านนี้ต้องการโรงเรียน
　　　　　mùu bâan níi tɔ̂ŋ kaan rooŋ riːan

　　　④ คุณควร(จะ)ปรึกษาหมอก่อน
　　　　　khun khuːan(cà) prɯ̀ksǎa mɔ̌ɔ kɔ̀ɔn

練習 2　① かわいそう　② もったいない　③ おいしそう　④ 信じられる
　　　⑤ 聞く価値がある

第 16 課
練習 1　① เรียนภาษาจีนมาสองปีแล้ว
　　　　　riːan phaasǎa ciin maa sɔ̌ɔŋ pii lɛ́ɛw

　　　② คุณทำการบ้านเสร็จแล้วหรือยัง
　　　　　khun tham kaan bâan sèt lɛ́ɛw rɯ̌ɯ yaŋ
　　　　　เสร็จแล้ว / ยังไม่เสร็จ

sèt lɛ́ɛw / yaŋ mâi sèt

③ **แต่งงาน(แล้ว)หรือยัง แต่ง(งาน)แล้ว / ยังเป็นโสด**
tɛ̀ŋ ŋaan(lɛ́ɛw) rɯ̌ɯ yaŋ   tɛ̀ŋ (ŋaan) lɛ́ɛw / yaŋ pen sòot

＊ 会話では **แล้ว**[lɛ́ɛw] を省略することもあります。

④ **ทำความสะอาดเสร็จแล้วหรือยัง**
tham khwaam sa àat sèt lɛ́ɛw rɯ̌ɯ yaŋ

เสร็จแล้ว / ยังไม่เสร็จ
sèt lɛ́ɛw / yaŋ mâi sèt

練習2 ① **อาจารย์ไม่ไปเล่นกอล์ฟแล้วหรือ**
aacaan mâi pai lên kɔ́ɔp lɛ́ɛw rɯ̌ɯ

ไม่ไปแล้ว / คงจะไปอีก
mâi pai lɛ́ɛw / khoŋ cà pai ìik

② **มืดแล้ว กลับบ้านดีกว่า**   mɯ̂ɯt lɛ́ɛw klàp bâan dii kwàa
③ **ใส่น้ำตาลอีกนิดหน่อยได้ไหม หวานแล้ว**
sài nám taan ìik nít nɔ̀y dâi mǎi   wǎan lɛ́ɛw

第17課
練習 ① **วันนี้มีเมฆมาก คิดว่าฝนคงจะตก**
wan níi mii mêek mâak khít wâa fǒn khoŋ cà tòk

② **วันนี้รู้สึกว่าอบอุ่นมาก**   wan níi rúu sɯ̀k wâa òp ùn mâak
③ **คิดว่าร้านไหนอร่อยที่สุด**   khít wâa ráan nǎi arɔ̀y thîi sùt

第18課
練習 ① **อย่าพูดเล่น**   yàa phûut lên
② **อย่าร้องไห้เลย**   yàa rɔ́ɔŋ hâi ləəi
③ **ห้ามจับ**   hâam càp

第19課
練習1 ① **ไปรับอาจารย์ที่สนามบินได้ไหม**
pai ráp aacaan thîi sanǎambin dâi mǎi

② **แลกแบ๊งค์ห้าร้อยเป็นแบ๊งค์ร้อยได้ไหม**
lɛ̂ɛk béeŋ hâa rɔ́ɔi pen béeŋ rɔ́ɔi dâi mǎi

	③ ใช้บัตรเครดิตได้ไหม	chái bàt khreeđìt dâi mǎi	

練習 2 ① ช่วยเข้าร่วมประชุมหน่อย　　chûːai khâw rûːam prachum nɔ̀i
　　　 ② ช่วยไปทิ้งขยะให้หน่อย　　　chûːai pai thíŋ khayà hâi nɔ̀i
　　　 ③ ช่วยสอบสวนอุบัติเหตุนั้นอีกครั้งหนึ่ง
　　　　　 chûːai sɔ̀ɔp sǔːan ùbàtì hèet nán ìik khráŋ nùŋ

練習 3 ① ขอดูเมนูหน่อย　　　　khɔ̌ɔ duu meenuu nɔ̀i
　　　 ② ขอใช้โทรศัพท์หน่อย　khɔ̌ɔ chái thoorasàp nɔ̀i
　　　 ③ ขอเบียร์อีกสามขวด　　khɔ̌ɔ biːa ìik sǎam khùːat

第20課

練習　① แต่งงาน เมื่อยังเป็นนักศึกษา
　　　　　tèŋ ŋaan mûːa yaŋ pen nák sùksǎa

　　　② กว่าจะกลับเชียงใหม่ ทำงานอยู่ร้านเสริมสวยที่กรุงเทพฯ
　　　　　kwàa cà klàp chiːaŋmài tham ŋaan yùu ráan sǒəm sǔːai thîi kruŋthêep

　　　③ ถ้าดิฉัน(ผม)เป็นคุณ จะไม่คิดยังงั้น
　　　　　thâa dichǎn (phǒm) pen khun cà mâi khít yaŋ ŋán

　　　④ สมมุติว่าคุณแต่งงานกับคนไทย คุณจะใช้ภาษาอะไรในครอบครัว
　　　　　sǒmmút wâa khun tèŋ ŋaan kàp khon thai　khun cà chái phaasǎa arai nai khrɔ̂ɔp khruːa

　　　⑤ ถึงแม้ว่าจะไปต่างประเทศก็จะไม่ลืมคุณ
　　　　　thǔŋ méɛ wâa cà pai tàaŋ prathêet kɔ̂ɔ cà mâi lɯɯm khun

　　　⑥ แม้แต่เด็กก็รู้จัก　　méɛ tèɛ dèk kɔ̂ɔ rúu càk

第21課

練習 1 ① ทำไมไม่บอก เพราะคิดว่าคุณคงเศร้าใจ
　　　　　thammai mâi bɔ̀ɔk phrɔ́ khít wâa khun khoŋ sâwcai

　　　② ทำไมไม่รู้ เพราะว่าฟังตกไป
　　　　　thammai mâi rúu phrɔ́ wâa faŋ tòk pai

　　　　＊ 文末のไป [pai] ⇨ 心理的に気持ちが離れた状態（「聞きもらしていた」）を表す。

練習 2　① จะไปกรุงเทพฯ เพื่อไปหัดมวยไทย
　　　　　　cà pai kruŋthêep　phŵːa pai hàt muːai thai

　　　　② ไปเยาวราชเพื่อไปซื้อทอง
　　　　　　pai yawwarâat phŵːa pai sɯ́ɯ thɔɔŋ

　　　　③ ยานี้ใช้สำหรับผู้ใหญ่
　　　　　　yaa níi chái sămràp phûu yài

第 22 課
練習　① จากโรงแรมนี้ไปวัดพระแก้ว นั่งรถเมล์ใช้เวลาเท่าไร แล้วแต่รถติด
　　　　　càak rooŋ rɛɛm níi pai wát phrákêɛw nâŋ rótmee chái weelaa thâw rai　lɛ́ɛw tɛ̀ɛ rót tìt

　　　② ภรรยาอายุเท่าไร สามสิบกว่า
　　　　　phanrayaa aayú thâw rai săam sìp kwàa

　　　③ ไปทางลัดนี้ ไปถึงได้ เร็วกว่า ยี่สิบนาที
　　　　　pai thaaŋ lát níi pai thɯ̆ŋ dâi rew kwàa yîisìp naathii

　　　④ ค่าเล่าเรียนเท่าไร ห้าหมื่นบาทต่อปี
　　　　　khâa lâw riːan thâw rai hâa mɯ̀ɯn bàat tɔ̀ɔ pii

第 24 課
練習　① เขากำลังหัดอ่านตัวหนังสือไทยอยู่
　　　　　khăw kamlaŋ hàt àan tuːa năŋsɯ̌ɯ thai yùu

　　　② พี่ชายยังอ้วนอยู่　　　phîi chaai yaŋ ûːan yùu
　　　③ ฝนกำลังจะตก　　　fŏn kamlaŋ cà tòk

第 26 課
練習 1　① เดือนนี้กับเดือนที่แล้วยุ่งเท่า(ๆ)กัน
　　　　　dɯːan níi kàp dɯːan thîi lɛ́ɛw yûŋ thâw (thâw) kan

　　　② เดือนนี้ไม่ยุ่งเท่ากับเดือนที่แล้ว
　　　　　dɯːan níi mâi yûŋ thâw kàp dɯːan thîi lɛ́ɛw

　　　＊ เดือนนี้กับเดือนที่แล้วไม่ยุ่งเท่ากัน[dɯːan níi kàp dɯːan thîi lɛ́ɛw mâi yûŋ thâw kan]とすると、「今月と先月はどちらも忙しくない」となり、誤りです。

練習2　① タイ語は日本語のように難しくない（日本語の方が難しい）。
　　　　　＊この文は、話し手の語気によって「タイ語が難しくないのは日本語同様だ」（つまり、タイ語も日本語も難しくない）と、②のような意味にもなります。12課 **7** の比較表現を使えば、どちらが難しいか明確になります。
　　　　② タイ語と日本語はどちらも難しくない。
　　　　③ タイ語と日本語は難しさが同じではない（違った難しさがある）。

第27課

練習　① **นี่เป็นโรงเรียนประถมที่พ่อทำงานอยู่**
　　　　nîi pen rooŋ ri:an prathŏm thîi phɔ̂ɔ tham ŋaan yùu
　　② **ผ้าไหมไทยที่พ่อค้าคนนั้นมาขายถูกมาก**
　　　　phâa măi thai thîi phɔ̂ɔ kháa khon nán maa khăai thùuk mâak

実践講読 Ⅲ

練習　① かなり多くの人がいる（多くの人がいて、その多さは少なくない）
　　　　＊**มาก**［mâak］や**น้อย**［nɔ́ɔi］をすべて形容詞的に訳すと、かえって意味がわからなくなることがあります。英語的な訳し方に固執しないことがタイ語読解のコツです。
　　② 少しは人がいる
　　　　＊この文も、本文で述べたように前から訳してください。「人がいて、（その人）（の数）は）あまり少なくない」、つまり「少なさはそれほどでもない」から、「少しは人がいる」という意味になります。

第29課

練習　　彼は恋人のことを想い、夢中であった**ので**、家を**通り過ぎて**（**ずっと**）行ってしまった。
　　　　（太字が **เลย**［ləəi］の意味及びニュアンスです）

あとがき

　本書でのタイ語学習はいかがでしたか？　本書を最後まで取り組まれたみなさんには、既に中級もしくはそれ以上の実力がついていることでしょう。今はもしかしたら実感できないかもしれませんが、これからタイ語と関わっていくなかで、じわじわと効果が現れてくるはずです。まえがきでも述べましたが、タイ語は簡単な言葉です。ここまで学んだみなさんには「簡単だと感じる言葉」と言った方が適切かもしれません。予備知識があまりなくても、タイ語の性格上、現地に行けば割と早く会話ができるようになるからです。ですが、そこで満足していると、その程度のレベルで停滞してしまいます。本書で細かな表現を地道に学んだことが下地となって、今後いろいろな場面で出会う新しい表現を無理なく受け入れられることでしょう。それを感じたとき、自分には中級以上の実力を備えているのだと認識できると思います。

　最後に少しだけ追記しておきたいことがあります。ひょっとしてみなさんの中には「この本には文法らしい説明がなかった」と思っている方がいるかもしれません。このような疑問が出てくること自体、既に中級のレベルに達している証だと思いますが、その点を少し補足して筆を置きたいと思います。私たちが文法という場合、そのほとんどが西洋の近代自然科学を基にした文法のことをいいます。タイ語は英語に似ていますが、英語の文法通りに読めないことは224ページでも学びました。タイ語の大きな流れは「話題（主題）＋話題の説明・内容（補語）」で成り立っているといわれています。例えば「主題（食べ過ぎること）＋補語（身体に悪い）＝食べ過ぎは身体に悪い」といった構造です。しかしながら、タイの共通語は、主題＋補語の関係がわかりにくくなっているうえに、品詞を特定することが難しいという特徴があります（品詞を決めるには複数の単語が必要だといわれています）。動詞や形容詞が名詞化し、名詞が動詞化するような例文は本書でも出てきました。つまり、品詞が決まるまで文法が決まらないという奇妙な現象が出てくるのです。文法らしい説明ができなかったのも、こうした背景があったからです。またこのような分析をし始めるとタイ語そのものがわからなくなってしまうジレンマもあります。私見ですが、近代自然科学により文法がすべて解明できるという前提を取り払ったとき、はじめてタイ語の素直な姿（文法）が見えてくるのではないかと思っています。

本書の執筆にあたり、梅宮ニターさんには作成期間を通じタイ語のチェックや作業進行のアシスタントとして大変お世話になりました。元タマサート大学言語学科教授チャナッダー・クライナロン氏には文法編の校閲を、ラーチャパット大学のワラーチット・パヨームさんには、東北タイ語全般の校閲をしていただきました。現地において、タマサート時代の旧友7名に本書校正のための地方旅行を計画していただき、時代の変化を感じさせないタイの再発見が実現しました。数泊の旅の中、タイの一般市民に目線を合わせた彼らからのアドバイスが、本書作成の重要なヒントになりました。

　最後に、度重なる内容変更に終始寛容に対応してくださった三修社の菊池暁さんをはじめ、様々な業界で活躍されている多くの方々の協力を得て本書ができあがりました。心より感謝申し上げます。

2008年5月

著者

（本文記載以外の参考文献は次の通りです）

1．綾部恒雄　『タイ族　その社会と文化』弘文堂　（1971年）
2．峰岸真琴　「類型論から見た文法理論」言語研究117　（1999年）
3．**นววรรณ พันธุเมธา การใช้ภาษา เล่ม๑ หมวด๒ พ. ศ. ๒๕๑๓**

● 著者紹介
吉田英人（よしだ　ひでと）
京都市に生まれる。東京外国語大学卒業、佛教大学大学院博士課程修了、タマサート大学（タイ）留学。専門は近代アジア文法論。タイ国プラーチーンブリー県、ブンカーン県にて公立高校教諭を務めたことがある。

■ 著書
『タイ語スピーキング』（三修社）
『ゼロから始めるタイ語』（三修社）
『ゼロから話せるラオス語』（三修社）
『ラオス語入門』（大学書林〈共著〉）

タイ語の基本　初級から中級まで

2008年 6月20日　第1刷発行
2021年 8月20日　第9刷発行

著　者　　吉田英人
発行者　　前田俊秀
発行所　　株式会社三修社
　　　　　〒150-0001　東京都渋谷区神宮前 2-2-22
　　　　　TEL 03-3405-4511
　　　　　FAX 03-3405-4522
　　　　　振替 00190-9-72758
　　　　　https://www.sanshusha.co.jp
　　　　　編集担当　菊池　暁
印刷所　　萩原印刷株式会社
製本所　　牧製本印刷株式会社
CD製作　　株式会社メディアスタイリスト
組　版　　株式会社柳葉コーポレーション

カバーデザイン　やぶはなあきお
カバーイラスト　一志敦子
本文写真　タイ国政府観光庁・大川久雄・藤井常義・吉田英人
本文イラスト　大川久雄

© Hideto Yoshida 2008 Printed in Japan
ISBN978-4-384-05476-7

|JCOPY|〈出版者著作権管理機構　委託出版物〉
本書の無断複製は著作権法上での例外を除き禁じられています。複製される場合は、そのつど事前に、出版者著作権管理機構（電話 03-5244-5088 FAX 03-5244-5089 e-mail: info@jcopy.or.jp）の許諾を得てください。

●**音声ダウンロード・ストリーミング**

本書の付属 CD と同内容の音声がダウンロードならびにストリーミング再生でご利用いただけます。PC・スマートフォンで本書の音声ページにアクセスしてください。

https://www.sanshusha.co.jp/np/onsei/isbn/9784384054767/